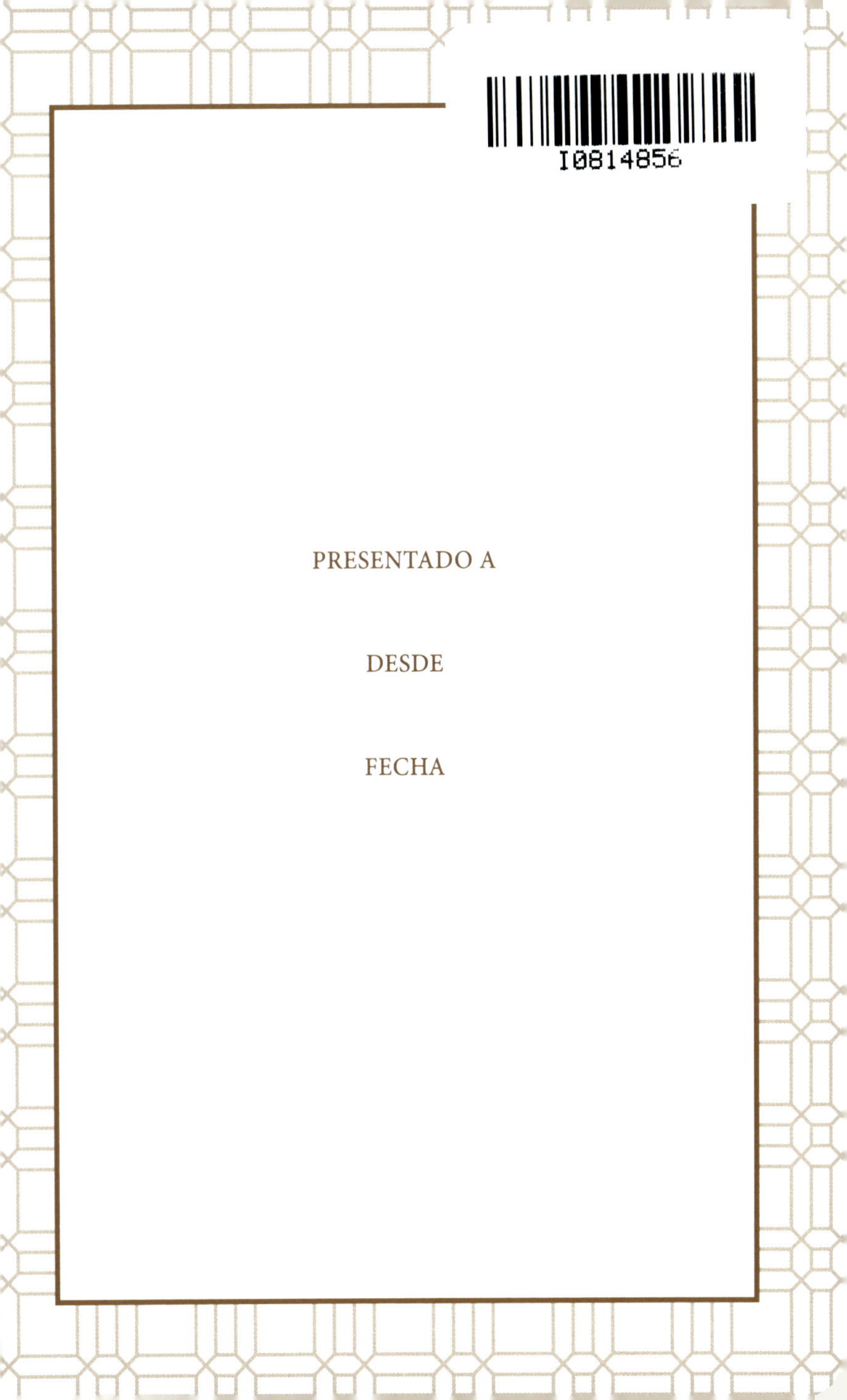

PRESENTADO A

DESDE

FECHA

BASTA DE EXCUSAS

Un devocional de 90 días para hombres por

TONY EVANS

Lifeway Recursos
Brentwood, Tennessee

EQUIPO EDITORIAL LIFEWAY RECURSOS

ISBN: 9781430094906
ITEM: 005847552
Decimal Dewey 248.842
Encabezamientos de materia:
VIDA CRISTIANA/HOMBRES/DEVOCIONAL

Para pedir copias adicionales de este recurso llame al 1(800)257-7744, visite nuestra página www.lifeway.com o envié un correo electrónico a recursos@lifeway.com. También puede adquirirlo o pedirlo a su librería cristiana favorita.

Impreso en China

Lifeway Recursos
200 Powell Place, Suite 100
Brentwood, TN 37027-7707

CONTENIDO

SOBRE EL AUTOR

El Dr. Tony Evans es el fundador y pastor principal de la iglesia Oak Cliff Bible Fellowship en Dallas, fundador y presidente de The Urban Alternative, antiguo capellán de los Dallas Mavericks de la NBA y autor de más de 100 libros, folletos y estudios bíblicos. Fue el primer afroamericano en obtener un doctorado en teología por el Seminario Teológico de Dallas, y ha sido nombrado uno de los 12 predicadores más eficaces del mundo angloparlante por la Universidad de Baylor. El Dr. Evans tiene el honor de haber escrito y publicado el primer comentario bíblico completo y la primera Biblia de estudio escritos por un afroamericano.

Su programa de radio, *La Alternativa* con el Dr. Tony Evans, puede escucharse a diario en más de 1400 emisoras estadounidenses y en más de 130 países.

El Dr. Evans puso en marcha en 2017 el Centro de Formación Tony Evans, una plataforma de aprendizaje en línea que ofrece cursos de calidad tipo seminario por una fracción del coste a cualquier persona en cualquier lugar. El objetivo es aumentar la alfabetización bíblica no solo de los laicos, sino también de los líderes cristianos que no pueden permitirse ni encontrar tiempo para la educación formal continua.

El Dr. Tony Evans estuvo casado con su difunta esposa Lois durante casi 50 años. Son los orgullosos padres de cuatro hijos, abuelos de trece y bisabuelos de dos.

Para más información, visita TonyEvans.org.

INTRODUCCIÓN

La generación actual de hombres sufre la «cojera del perdedor».

Cualquiera que haya competido en deportes sabe a lo que me refiero con «cojera del perdedor». Es lo que ocurre a veces cuando un jugador se equivoca al patear la pelota, cae al suelo y se levanta cojeando. El propósito de la cojera es camuflar el fallo. La impresión que quiere dar a sus compañeros de equipo y a los aficionados es que no pateó bien el balón por un calambre, un tirón muscular o cualquier otra enfermedad repentina de la pierna, y no por un error de juicio. Así que la cojera se convierte en la excusa del atleta, su intento de ser exonerado de culpa por su mala jugada.

Pero mientras que las consecuencias de una mala jugada en un partido de fútbol son relativamente pequeñas, el hecho lamentable es que muchos hombres han desarrollado una «cojera de perdedor» cuando se trata de la vida. En lugar de asumir sus fracasos y responsabilidades, los excusan, dando la impresión de que fuerzas que escapan a su control son responsables de sus circunstancias.

Es cierto que las circunstancias que escapan a nuestro control a veces pueden dificultarnos ser todo lo que Dios quiere que seamos. Pero tenemos que empezar a considerar esas circunstancias como retos y oportunidades de éxito en lugar de excusas para fracasar o no hacer nada. Ya es hora de que dejemos de culpar a las circunstancias, las presiones o los retos y empecemos a vivir como hombres de verdad. Ahora bien, no estoy diciendo que los hombres de verdad salten como Supermán por encima de todos los obstáculos.

No, todos tropezamos y caemos. Pero ser hombres de verdad significa que no dejamos que nuestro pasado controle nuestro presente ni defina nuestro futuro saliendo «cojos» para ocultar nuestros pecados y errores. En lugar de eso, aceptamos la responsabilidad de nuestros actos, identificamos lo que hay que corregir y nos disponemos a ser los hombres que Dios nos ha creado y nos ha llamado a ser. De eso trata este libro.

Trata de hombres cristianos que repudian la «cojera del perdedor» y se convierten en verdaderos hombres de Dios. Trata de hombres que recuperan a sus familias, sus iglesias y su cultura elevándose por encima de sus circunstancias mediante la gracia y el poder de Dios. Se trata de hombres que encuentran un propósito, un significado y una dirección para sus vidas a pesar de los reveses del pasado o las presiones del presente. Se trata de convertirse en hombres de carácter, compromiso, poder e influencia para Jesucristo.

BASTA DE DEJAR A JESÚS ATRÁS

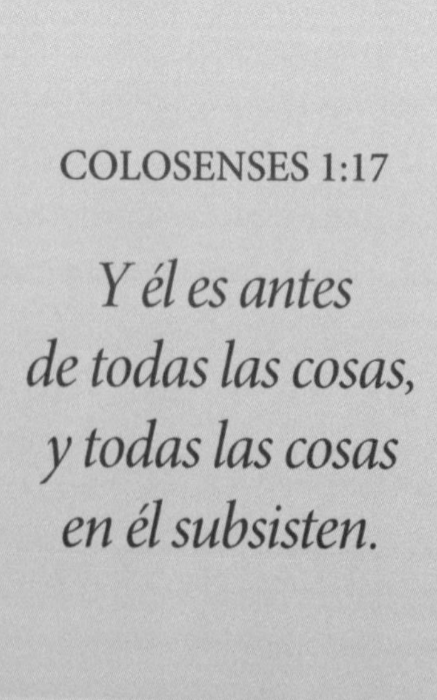

COLOSENSES 1:17

*Y él es antes
de todas las cosas,
y todas las cosas
en él subsisten.*

Día 1
CONOCE A JESÚS

Para convertirte en el hombre que Dios quiere que seas, debes tener una relación con Jesús. Sin Jesús, no tenemos ninguna posibilidad de comprender a Dios. La Biblia dice: «A Dios nadie le vio jamás; el unigénito Hijo, que está en el seno del Padre, él le ha dado a conocer» (Juan 1:18). ¿Cómo Dios se da a conocer? Lo hace a través de Jesús.

Conocer a Jesús personalmente cambia radicalmente tu vida. Saber de Él no sirve de mucho. Para conocer de verdad a Jesucristo, debes experimentarlo personalmente. Debes permanecer con Él: estar en Su presencia, sentir los latidos de Su corazón y descubrir lo que le agrada y lo que quiere hacer contigo, en ti y a través de ti.

Jesús tiene un plan para ti. Si quieres conocer tu propósito, conoce a Aquel que lo conoce mejor. Cuanto más te acerques a Jesús, más cerca estarás de experimentar y cumplir aquello para lo que fuiste creado.

.¿Qué pasos puedes dar para conocer personalmente a Jesús?

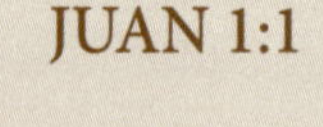

JUAN 1:1

En el principio
era el Verbo,
y el Verbo
era con Dios,
y el Verbo era Dios.

Día 2

CÓMO DIOS SE DA A CONOCER

Jesús reveló todo lo que Dios deseaba que supiéramos sobre Dios. Él es la revelación completa de Dios mismo. Por eso no puedes rodear a Jesús y llegar a Dios. Él es el Hijo Unigénito. Buda, Mahoma, Confucio... Ni estos hombres ni ningún otro profeta, maestro o rey pueden hacer esa afirmación. Jesús dijo: «Yo soy el camino, y la verdad, y la vida; nadie viene al Padre, sino por mí» (Juan 14:6).

La persona más excepcional de la historia humana —Dios hecho carne— merece el lugar más alto en nuestras prioridades. Él debe ser nuestro todo. Así como la tierra gira alrededor del sol, Cristo debe ser el centro de nuestra existencia.

Cuando te entregas por completo a Jesús, Él te devuelve todo de sí mismo. El poder que creó el universo es el mismo poder que puede fortalecerte para crecer, cambiar y experimentar una satisfacción indescriptible.

¿Cómo describirías tu relación con Jesús? ¿Qué mejoras te gustaría ver?

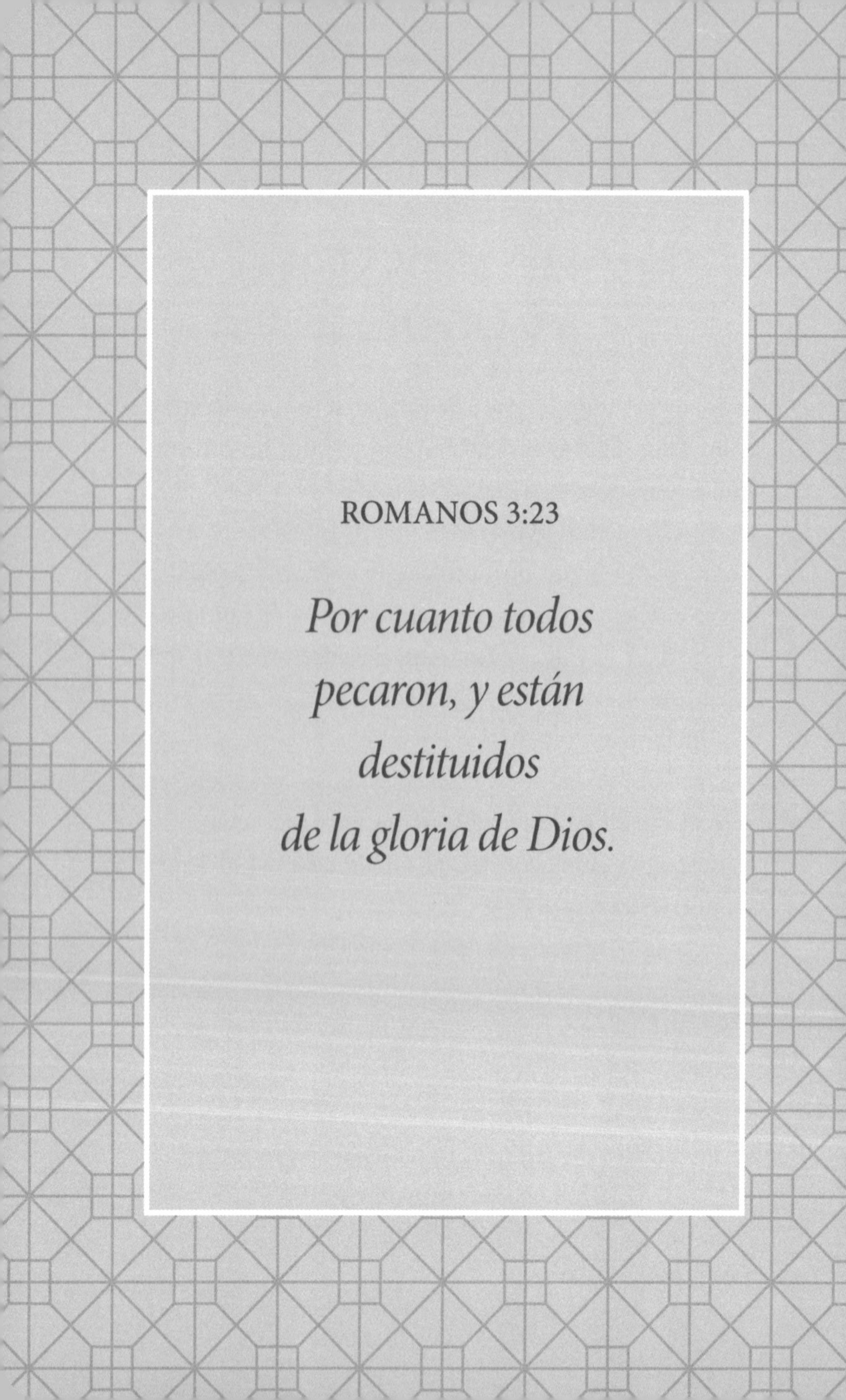

ROMANOS 3:23

Por cuanto todos
pecaron, y están
destituidos
de la gloria de Dios.

Día 3
COMUNIÓN ÍNTIMA CON DIOS

En 1 Juan se expresa el significado de la comunión con Dios y nuestra necesidad de esta relación íntima e interpersonal con Él. Pero el apóstol Juan quiere que sepamos que Dios no rebaja Sus estándares perfectos para que podamos tener comunión con Él. La más mínima imperfección es inaceptable para un Dios santo, y nosotros, incluso en nuestros mejores días, estamos muy lejos de la perfección. Puesto que Dios no puede rebajar Sus estándares justos, Juan dice:

> *Si andamos en luz, como él está en luz, tenemos comunión unos con otros, y la sangre de Jesucristo su Hijo, nos limpia de todo pecado.* 1 Jn. 1:7

Dios nos muestra lo bueno, lo malo y lo feo de nuestras vidas. Cuando Dios expone las cosas de nuestra vida que son ofensivas para Él, se ocupa de ese pecado, y nuestra comunión con Él puede continuar.

¿Cómo respondes cuando Dios revela el pecado en tu vida?

1 JUAN 1:9

Si confesamos nuestros pecados, él es fiel y justo para perdonar nuestros pecados y limpiarnos de toda maldad.

Día 4
CUANDO PECAMOS

La comunión íntima con Dios es posible gracias a la mediación de la obra de Cristo. Él es la razón por la que podemos estar en comunión con Dios y conocerle íntimamente. Nuestro Dios no es un Dios distante. Es cercano y personal por lo que Jesucristo hizo aquí en la tierra y está haciendo ahora por nosotros mientras intercede por nosotros en el cielo. El apóstol Juan dice:

> *Hijitos míos, estas cosas os escribo para que no pequéis; y si alguno hubiere pecado, abogado tenemos para con el Padre, a Jesucristo el justo. Y él es la propiciación por nuestros pecados; y no solamente por los nuestros, sino también por los de todo el mundo.* 1 Jn. 2:1-2

Somos pecadores que hemos sido hechos nuevos en Cristo y debemos esforzarnos por parecernos a Él en todo. Pero cuando pecamos, podemos ser reconciliados con Dios gracias a Jesús.

¿Pecar de forma habitual te impide la comunión con el Padre? ¿Qué papel desempeña la confesión en tu vida de oración?

FILIPENSES 2:8

Estando en la condición
de hombre, se humilló
a sí mismo, haciéndose
obediente hasta la muerte,
y muerte de cruz.

Día 5
JESÚS NUESTRO ABOGADO

Jesús es nuestro Abogado. Abogado es un término jurídico que significa «alguien que ayuda». La idea que se presenta a través de la palabra abogado es que Jesucristo nos representa en el tribunal de Dios. Cuando pecamos, somos culpables de un delito contra Dios. Debemos declararnos culpables, así que nos confesamos: «Culpable, su Señoría». Pero entonces nuestro Libertador, Jesucristo, habla en nuestro favor, defendiendo nuestro caso mediante la sangre de Su sacrificio en la cruz.

En Su defensa, Jesús desvía la ira de Dios: Él asumió el castigo que merecemos. «Él es la propiciación por nuestros pecados» (1 Jn. 2:2). Propiciación es una de esas palabras teológicas ricas que significa «satisfacción de las exigencias de una deidad con una acción aceptable». Jesús no solo es nuestro Abogado, quien habla en nuestro favor ante el tribunal, sino que también se ofreció para recibir nuestro castigo. Comprender que Jesús asumió la pena por nuestro pecado debería influir en nuestro amor por Él y servirnos de motivación para obedecerle.

Jesús asumió el castigo por tus pecados. ¿Cómo influye esa realidad en tu relación con Él?

JUAN 14:6

Jesús le dijo:
Yo soy el camino
y la verdad,
y la vida;
nadie viene al Padre,
sino por mí.

Día 6
NO HAY OTRO NOMBRE

La cultura moderna se apresura a enseñar que hay muchos caminos para llegar a Dios, pero eso no es cierto. La Biblia dice de Jesús: «En ningún otro hay salvación, porque no hay otro nombre bajo el cielo, dado a los hombres, en que podamos ser salvos. (Hech. 4:12). Este pasaje deja claro sin lugar a duda que el Hijo unigénito de Dios, Jesús, es el único camino hacia la salvación.

Pero ¿por qué extendió Dios la invitación a la salvación a toda la humanidad y luego hizo estrecho el camino al cielo? Porque el pago de nuestro pecado tenía que ser totalmente aceptable para Él, el sacrificio tenía que ser sin pecado —como Dios mismo— para satisfacerle. Jesús es el único que nunca pecó y, por tanto, el único que podía salvarnos.

La humanidad necesitaba una forma de expiar el pecado de una vez por todas, pero el único que podía ser un sacrificio adecuado por el pecado era Dios. Para que la humanidad sea salvada, Dios tenía que ser el Salvador. Solo hay un camino a Dios, y ese camino es Jesús.

¿Cuál es tu respuesta a la afirmación de que hay más de un camino hacia Dios?

1 JUAN 2:5-6

Pero el que guarda
su palabra, en este
verdaderamente el amor
de Dios se ha perfeccionado;
por esto sabemos
que estamos en él.
El que dice que permanece
en él, debe andar
como él anduvo.

Día 7

LA CLAVE DE LA INTIMIDAD

Con la misericordia de Dios llega el acceso a Su presencia y poder. Podemos acercarnos a Dios y conocerlo mejor a través de la comunión. Pero ¿qué exige Dios de nosotros para llevarnos a este nivel de intimidad? La Escritura dice: «En esto sabemos que nosotros le conocemos: si guardamos sus mandamientos» (1 Jn. 2:3).

La obediencia arraigada en el amor es el requisito para una comunión con el Señor continua, que se desarrolla y profundiza cada vez más profunda con el Señor. Cuando caminamos en Su luz, vemos las áreas de desobediencia en nuestras vidas y comenzamos el proceso de ajustarlas en obediencia a Dios.

El incremento de la intimidad está en proporción directa con el incremento de la obediencia. No podemos desobedecer a Dios habitualmente y esperar disfrutar de una relación vibrante con Él. Cuando tenemos comunión con Cristo, nos parecemos más a Él al pasar tiempo con Él. En respuesta, andamos como Él anduvo; y nuestras vidas lo reflejan a Él. Para crecer en intimidad con Dios, debemos obedecerle.

¿Cómo describirías tu nivel de obediencia a Dios y a Su Palabra?

TITO 2:11-13

*Porque la gracia de Dios
se ha manifestado para
salvación a todos
los hombres, enseñándonos
que, renunciando a
la impiedad y a los deseos
mundanos, vivamos en
este siglo sobria, justa y
piadosamente, aguardando
la esperanza bienaventurada
y la manifestación gloriosa de
nuestro gran Dios
y Salvador Jesucristo.*

Día 8
DISCIPLINA INCORPORADA

Seguir a Jesús no solo te lleva a una vida abundante, sino que además te lleva a un nuevo programa de disciplina personal. Algunos de ustedes pueden tener dificultades para comprometerse a dedicar tiempo a las disciplinas espirituales, como el estudio de la Biblia, la adoración y la oración, que conducen a una mayor intimidad con Jesús.

Quiero compartir un principio espiritual: la disciplina espiritual está incorporada a la gracia de Dios. Por Su gracia, Dios suple lo que te falta para llevarte adonde Él quiere que vayas. Dios ya ha tenido en cuenta tus limitaciones y tu humanidad al proporcionarte Su gracia. Pero tú debes avanzar con fe, confiando en que Dios te proporcionará la gracia que necesitas exactamente cuando la necesites.

Es tarea del Espíritu Santo proporcionarnos la medida de gracia que necesitamos para avanzar hacia la madurez espiritual mientras vivimos en dependencia de Dios. El Espíritu Santo es nuestra fuente de energía que nos capacita y nos da poder para parecernos más a Cristo.

¿Eres consciente de la presencia del Espíritu Santo? ¿Confías en Su capacidad de ayudar?

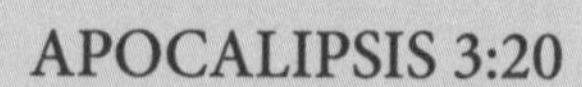

He aquí, yo estoy a la puerta y llamo; si alguno oye mi voz y abre la puerta, entraré a él, y cenaré con él, y él conmigo.

Día 9
BUSCANDO A UNA PERSONA

Como cristianos, tenemos la asombrosa oportunidad de conocer bien a Jesús. Un error común que las personas cometen en su vida espiritual es que buscan un programa en lugar de buscar a una persona. Si lees la Biblia y oras porque eso es lo que deben hacer los buenos cristianos, solo estás cumpliendo un programa. Pero Jesús no murió por un programa, y ningún programa es tu Salvador.

Cuando sientes pasión por una persona, no tienes problemas con un programa. No lees la Biblia porque «un versículo al día mantiene alejado al diablo», sino porque quieres conocer al Autor. No te pones de rodillas porque los buenos cristianos oran, sino porque quieres hablar con tu Dios.

Si buscas a Cristo como una persona de la que estás enamorado, descubres que la gracia de Dios te da poder para llevar a cabo el programa de Dios. El programa es simplemente un medio de gracia destinado a dirigirte a Cristo.

¿Qué diferencia habría si enfocaras las disciplinas espirituales como un medio de buscar a Jesús?

LUCAS 14:26

Si alguno viene a mí,
y no aborrece a su padre,
y madre, y mujer, e hijos,
y hermanos, y hermanas,
y aun también su propia vida,
no puede ser mi discípulo.

Día 10
LLEVA TU CRUZ

Si no tenemos cuidado, es posible hacer de la comodidad personal un ídolo, pero ese no debería ser el caso de un seguidor de Cristo. Jesús dijo: «El que no lleva su cruz y viene en pos de mí, no puede ser mi discípulo» (Luc. 14:27). Debes llevar tu propia cruz, no la cruz de Jesús. Él se encargó de la suya.

Tenemos algunas ideas equivocadas sobre lo que significa llevar nuestra cruz. Un problema físico, unos suegros malos o unos vecinos ruidosos: ninguna de esas cosas es una cruz. Entonces, ¿qué significa llevar tu cruz? Cargar con tu cruz significa llevar el vituperio de Jesucristo. Es estar tan identificado con Él que, cuando te acusen de ser cristiano, digas: «Soy culpable». Llevar tu cruz es admitir públicamente que eres culpable del delito de estar comprometido con Cristo, culpable de ponerle a Él en primer lugar. Significa comprometer nuestras vidas con Cristo cueste lo que cueste y, si es necesario, estar dispuestos a renunciar a la comodidad personal para obedecerle.

¿A qué estás dispuesto a renunciar para seguir a Jesús?

MATEO 6:24

Ninguno puede servir a dos señores; porque o aborrecerá al uno y amará al otro, o estimará al uno y menospreciará al otro. No podéis servir a Dios y a las riquezas.

Día 11
MÁS IMPORTANTE QUE LAS POSESIONES

No hay nada malo en tener cosas, pero un seguidor de Cristo debe amar a Jesús más que a cualquier posesión personal. Jesús dijo: «Así, pues, cualquiera de vosotros que no renuncia a todo lo que posee no puede ser mi discípulo» (Luc. 14:33).

Esto siempre inquieta a las personas. «¿Quieres decir que tengo que renunciar a mi coche, a mi casa, a mi dinero?». Sí. ¿Esperabas que dijera que no? Yo digo que sí, que debemos renunciar a estas cosas si se convierten en posesiones.

El problema no es tener algo. El problema es poseerlo. Poseerlo significa que me aferro a ello con tanta fuerza que nada que no sea Dios puede arrancármelo. Si amamos algo más de lo que amamos a Dios, es hora de deshacerse de ello. No puedes poseer tus posesiones y esperar poseer también a Cristo. La Biblia deja claro que tendremos que elegir entre nuestro amor a Dios y el amor a las posesiones.

¿Te aferras demasiado a tus pertenencias? ¿Qué posees que corre el riesgo de convertirse en un ídolo?

JUAN 15:8

En esto es glorificado
mi Padre, en que llevéis
mucho fruto,
y seáis así mis discípulos.

Día 12
PERMANECER EN CRISTO

Para ser como Jesús y convertirnos en hombres sin excusas, necesitamos conocerle. Él es nuestro Salvador y nuestro Rey, y debe ser el centro de nuestras vidas. Nos engañamos a nosotros mismos si pensamos que podemos progresar sin Él. Jesús lo dijo así:

> *Yo soy la vid, vosotros los pámpanos; el que permanece en mí, y yo en él, este lleva mucho fruto, porque separados de mí nada podéis hacer.* JUAN 15:5

¿Lo has entendido? Jesús no dijo que no pudiéramos hacer algunas cosas sin Él. Dijo que no podemos hacer nada sin Él. Pero si permanecemos en Cristo seremos discípulos eficaces que producirán mucho fruto. Vivir bajo el señorío de Jesucristo exige que pongamos a Jesús en primer lugar y le sigamos como Sus discípulos, hombres sin más excusas de por qué Jesús no está al frente y en el centro de nuestras vidas.

¿Qué prácticas puedes poner en marcha para asegurarte de que Jesús sigue siendo el centro de tu vida?

BASTA DE VIVIR EN EL PASADO

FILIPENSES 3:13-14

*Hermanos, yo mismo
no pretendo haberlo ya
alcanzado; pero una
cosa hago: olvidando
ciertamente lo que queda
atrás, y extendiéndome a
lo que está delante, prosigo
a la meta, al premio del
supremo llamamiento de
Dios en Cristo Jesús.*

Día 13
SUPERAR NUESTRO PASADO

Todos tenemos un pasado, y la forma en que lo afrontamos afecta nuestro futuro. José era un hombre con una historia familiar dolorosa. Su historia comenzó con un incidente que le marcó para el resto de su vida. José estaba con sus hermanos mayores en el campo e «informaba a su padre la mala fama de ellos» (Gén. 37:2). Pero aquí estaba el verdadero problema:

> *Y amaba Israel a José más que a todos sus hijos, porque lo había tenido en su vejez; y le hizo una túnica de diversos colores. Y viendo sus hermanos que su padre lo amaba más que a todos sus hermanos, le aborrecían, y no podían hablarle pacíficamente.* GÉNESIS 37:3-4

José vino de un hogar inestable, pero no permitió que eso definiera su futuro. Independientemente del pasado, Dios puede equiparnos para seguir adelante. José tuvo un comienzo difícil, pero por la gracia de Dios terminó bien, y nosotros también podemos hacerlo.

¿Tienes algo en tu pasado que necesites superar con la ayuda de Dios? ¿Qué pasos puedes dar hacia un futuro mejor?

Esforzaos y cobrad ánimo;
no temáis, ni tengáis miedo
de ellos, porque Jehová
tu Dios es el que va contigo;
no te dejará,
ni te desamparará.

Día 14
AFRONTAR EL RECHAZO

José fue una desafortunada víctima de la rivalidad entre hermanos. Sus diez hermanos mayores le odiaban, en gran parte por el mal juicio de su padre, Jacob. Jacob tenía debilidad por José, y su descarado favoritismo abrió una brecha entre José y sus hermanos. Así que los hermanos de José tramaron un plan para matarlo, pero Rubén les convenció para que arrojaran a José a un pozo (Gén. 37:20-24). Luego vendieron a José como esclavo a unos mercaderes que pasaban por allí (Gén. 37:28), y el resto del capítulo relata cómo engañaron a su padre, Jacob, haciéndole creer que su hijo favorito había muerto. Yo llamaría a eso rechazo por parte de su familia.

Aunque las personas a las que amamos decidan rechazarnos, Dios puede proporcionarnos la aceptación y el sentido de pertenencia que necesitamos para prosperar. Durante un tiempo, el futuro de José parecía sombrío, pero Dios tenía un plan para él. Como cristianos, podemos confiar en que Dios tiene un buen plan para nosotros, incluso cuando no podemos ver cómo se desarrollan los detalles.

¿En qué áreas confías en Dios para que te proporcione lo que las personas de tu vida no pueden?

HEBREOS 12:2

Puestos los ojos en Jesús, el autor y consumador de la fe, el cual por el gozo puesto delante de él sufrió la cruz, menospreciando el oprobio, y se sentó a la diestra del trono de Dios.

Día 15

RECHAZADO POR LOS HOMBRES, PROTEGIDO POR DIOS

Quizás fuiste rechazado por tu familia o por otra persona importante en tu vida. Tal vez alguien en quien confiabas se volvió contra ti y te abandonó. ¿Qué vas a hacer ahora? ¿Te quedarás donde estás? Todo esto y más le ocurrió a José, pero eligió una respuesta mejor. La Escritura nos dice que fue vendido como esclavo y que Potifar, un oficial de la guardia, compró a José y lo llevó a Egipto. Todo esto suena desalentador, pero José tenia motivos para animarse, porque el texto dice: «Mas Jehová estaba con José» (Gén. 39:1-2).

El primer paso para superar el pasado es darte cuenta de que, independientemente de lo que te hagan los demás, si el Señor está contigo, aún puedes llegar a alguna parte. Así que tu tarea es permanecer con el Señor. José fue rechazado por su familia, pero fue aceptado por Dios. Independientemente de lo que pasó ayer, si hoy te quedas con el Señor, tu ayer no tiene por qué controlar tu mañana.

¿Cuáles son algunas formas prácticas de permanecer con el Señor?

1 SAMUEL 2:8

Él levanta del polvo al pobre,
y del muladar exalta
al menesteroso,
para hacerle sentarse
con príncipes y heredar
un sitio de honor.
Porque de Jehová son
las columnas de la tierra,
y él afirmó sobre
ellas el mundo.

Día 16

UN HOMBRE CON UN TRABAJO QUE HACER

Sería razonable pensar que una vez que José fue vendido como esclavo, todo fue cuesta abajo. Pero no fue así. El Señor estaba con José, de modo que este niño rechazado estaba ahora bajo el cuidado de Dios en la esclavitud.

El SEÑOR estaba con José, y él se convirtió en un hombre de éxito, que servía en la casa de su amo egipcio. Su amo vio que el Señor estaba con él y que el Señor hacía que todo lo que hacía tuviera éxito (Gén. 39:2-3).

José trabajaba ahora para Potifar y tenía un trabajo que hacer. José causó tal impresión en Potifar que este le entregó toda su casa (Gén. 39:4-6).

Si caminas con el Señor, Él puede hacer lo mismo por ti. El problema del pasado es que puede convertirse en un dictador que te gobierne hoy. La única forma de superarlo es cambiar de dictador: permitir que el Señor gobierne tu vida hoy.

¿Dejas que tu pasado dicte tu futuro, o confías en Dios?

ISAÍAS 43:19

He aquí que yo hago cosa nueva; pronto saldrá a luz; ¿no la conoceréis? Otra vez abriré camino en el desierto, y ríos en la soledad.

Día 17

RECUPERAR LOS AÑOS PERDIDOS

A pesar de las difíciles circunstancias de José, resultó mejor que los hijos mayores de Jacob. Déjame decirte una razón por la que José pudo resultar mejor que los hijos mayores de Jacob. En sus últimos años, Jacob tomó una decisión por Dios que benefició a José porque aún era joven (Gén. 32:24-32). Puede que fuera demasiado tarde para los diez hijos mayores de Jacob, pero él tomó la decisión de todos modos, y eso marcó la diferencia en su familia.

Si eres un esposo y un padre que puede mirar atrás y ver las malas decisiones que estropearon a tu familia, es posible que no puedas, por tu propio esfuerzo, arreglar lo que está roto. No puedes criar a tus hijos otra vez. Pero si empiezas a caminar con Dios ahora, Él puede recuperar algunas de esas oportunidades perdidas. Cuando José era un niño, Jacob estaba comprometido con Dios. No podía arreglar el pasado, pero podía caminar con Dios en el presente y ver cómo Dios bendecía su presente a pesar de su pasado.

¿Necesitas confiar en que Dios redimirá tu pasado? ¿En qué aspectos has visto ya pruebas de Su gracia?

PROVERBIOS 3:5-6

Fíate de Jehová de todo
tu corazón,
y no te apoyes en tu propia
prudencia. Reconócelo
en todos tus caminos,
y él enderezará tus veredas.

Día 18
COMPROMETIDOS CON LA SANTIDAD

José se comprometió a vivir una vida piadosa independientemente del resultado. Cuando la mujer de Potifar le hizo una proposición sexual, José respondió así:

No hay otro mayor que yo en esta casa, y ninguna cosa me ha reservado sino a ti, por cuanto tú eres su mujer; ¿cómo, pues, haría yo este grande mal, y pecaría contra Dios? GÉNESIS 39:9

José rechazó sus insinuaciones, pero ella insistió. Finalmente, ella lo agarró y él huyó sin su ropa. La señora Potifar se enfadó, y pidió auxilio como si José intentara violarla. Potifar echó un vistazo a las «pruebas», escuchó su falso testimonio y metió a José en la cárcel (Gén. 39:10-20).

A veces Dios debe conducirte cuesta abajo para llevarte cuesta arriba. Debe llevarte al fondo para llevarte a la cima. Pero cuando el Señor está contigo, algo va a suceder.

¿Te comprometes a hacer lo correcto independientemente de las consecuencias?

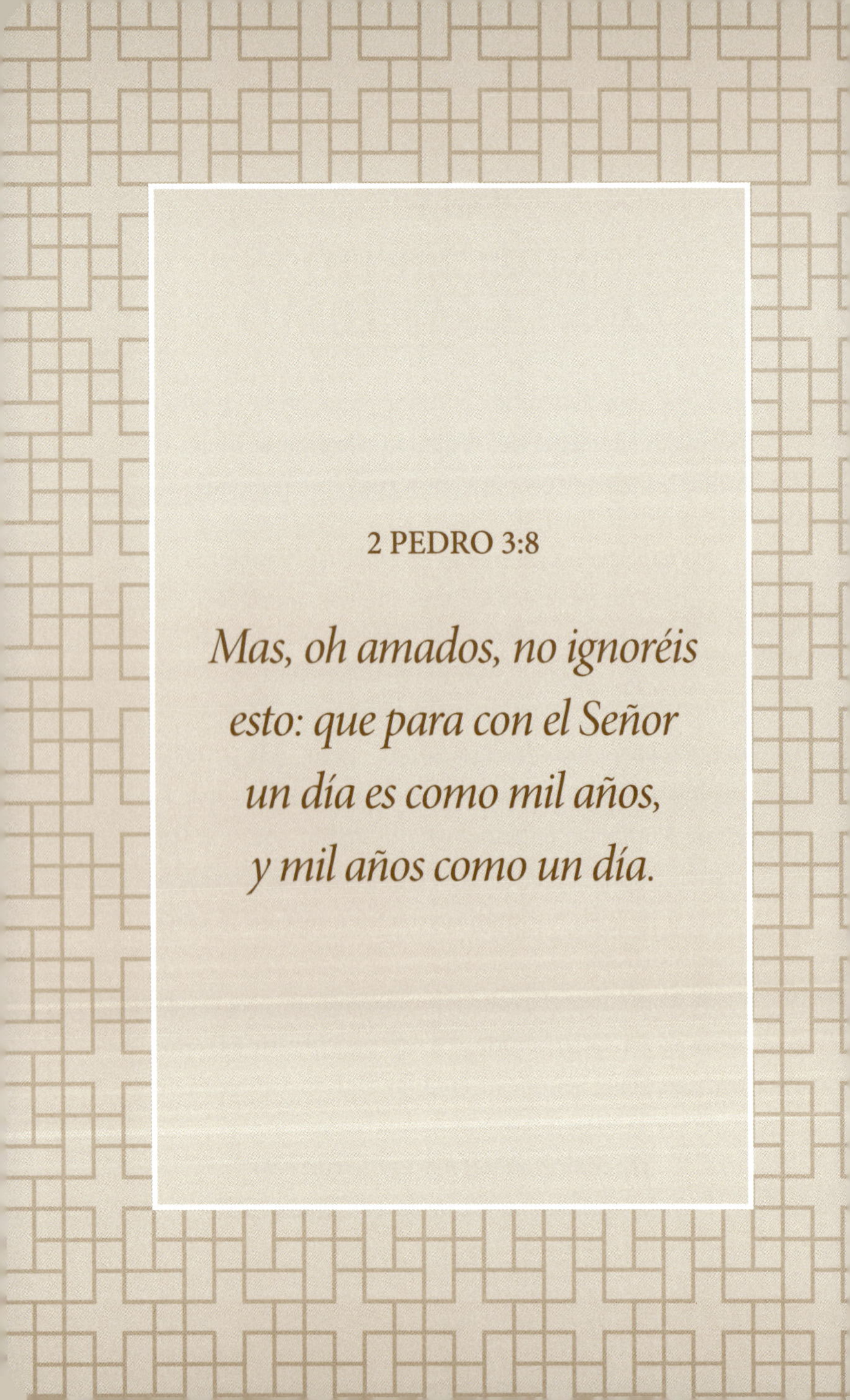
2 PEDRO 3:8
Mas, oh amados, no ignoréis
esto: que para con el Señor
un día es como mil años,
y mil años como un día.

Día 19
CONFIAR EN EL TIEMPO DE DIOS

José estaba en la cárcel acusado de cargos falsos, pero Dios le había dado la capacidad de interpretar sueños y, cuando el panadero y el copero del faraón acudieron a él en apuros, José pudo ayudarles (Gén. 40).

Las noticias eran buenas para el copero. Iba a ser liberado de la prisión y restituido al servicio del faraón. Entonces José hizo una pequeña petición: que el faraón se acordara de él (Gén. 40:14). José defendió su inocencia sin ninguna amargura aparente, (v. 15) pero el copero se olvidó de José (v. 23), y José permaneció en el calabozo dos años más (Gén. 41:1).

La decepción hace que algunos hombres opten por tener lastima de sí mismos, pero la Escritura no ofrece ninguna prueba de que eso le ocurriera a José. Cuando el faraón tuvo su sueño y necesitó a alguien que lo interpretara, José estaba dispuesto a ir (Gén. 41). Puede resultar difícil confiar en el momento oportuno de Dios. Pero cuando comprendemos el amor que Dios nos tiene, podemos avanzar con fe, creyendo que nuestros mejores días están por venir.

¿En qué aspectos necesitas confiar en el tiempo de Dios?

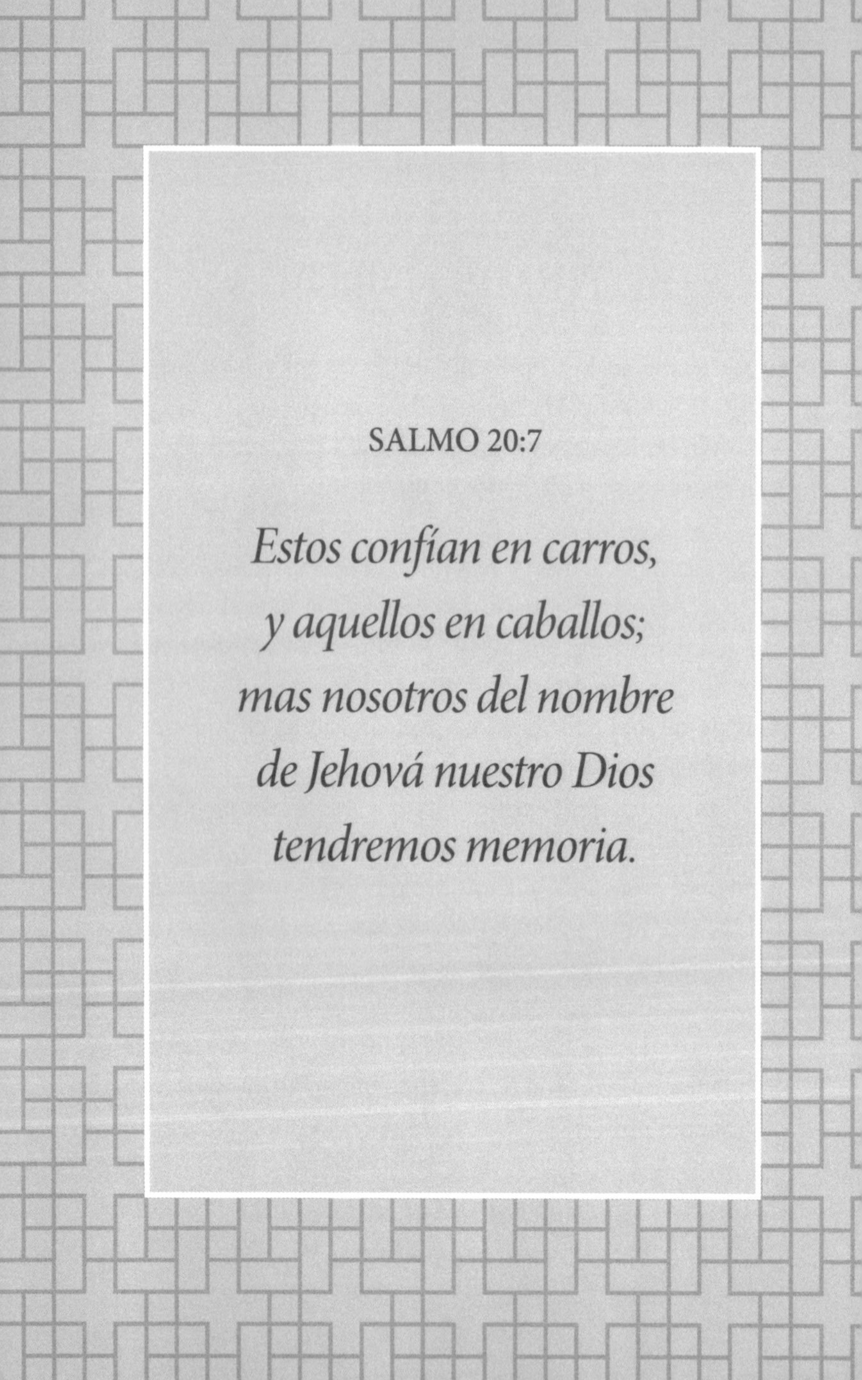

SALMO 20:7

Estos confían en carros,
y aquellos en caballos;
mas nosotros del nombre
de Jehová nuestro Dios
tendremos memoria.

Día 20
IR DE REPENTE A ALGÚN LUGAR

Las cosas empezaron a irle bien a José cuando el faraón se despertó de su sueño sudando frío. El copero recuperó la memoria y llamaron a José (Gén. 41). El mensaje del sueño del faraón era que Egipto tendría siete años buenos seguidos de siete años de hambre. El consejo de José fue que el faraón nombrara un «comisario del hambre», para que Egipto pudiera sobrevivir. El faraón dijo: «Gran idea, José. Te nombro. Ahora eres el número dos de Egipto. De hecho, si alguien me pide permiso para hacer algo, lo enviaré a ti» (Gén. 41:40-41).

José era un esclavo que no iba a ninguna parte y que estaba pudriéndose en la cárcel, pero de repente se convirtió en el gobernante número dos de la nación más poderosa del mundo. Nadie puede hacer eso sino solo Dios. La lección aquí es esta: Dios sabe adónde te lleva. Él conoce las lecciones que necesitas aprender para estar equipado cuando llegues allí.

¿Qué obstáculos te impiden creer que Dios puede cambiar tus circunstancias?

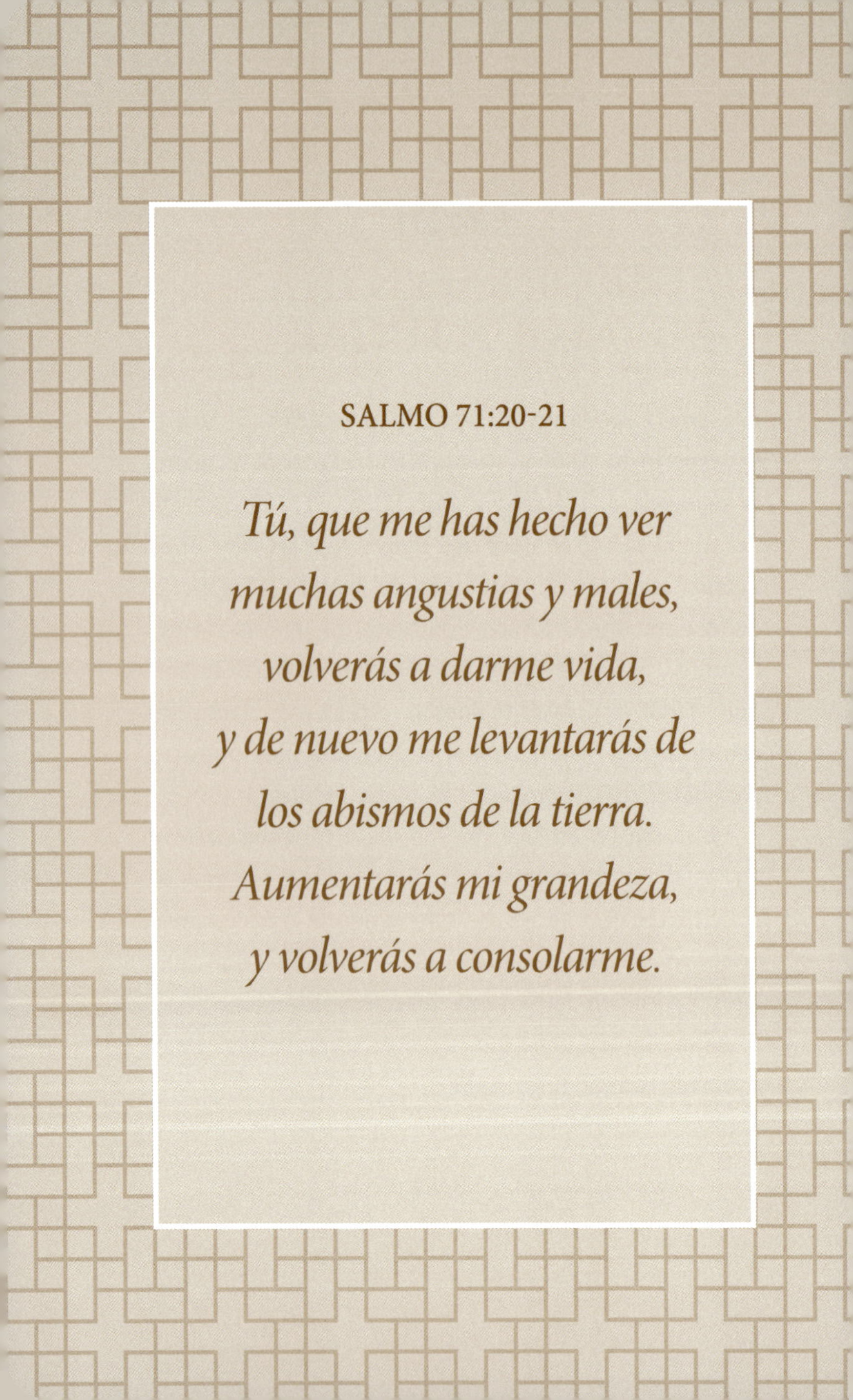

SALMO 71:20-21

Tú, que me has hecho ver
muchas angustias y males,
volverás a darme vida,
y de nuevo me levantarás de
los abismos de la tierra.
Aumentarás mi grandeza,
y volverás a consolarme.

Día 21
EL DIOS DE LA RESTAURACIÓN

Dios elevó a José al rango de primer ministro de Egipto, lo cual mejoró sus condiciones de vida. Pero seguía desprovisto de su familia, así que Dios le dio una nueva familia, nuevas relaciones que sustituyeran las malas. José se casó con Asenat (Gén. 41:45), y Dios dio a la pareja dos hijos a los que José puso nombres interesantes:

> *Y llamó José el nombre del primogénito, Manasés; porque dijo: Dios me hizo olvidar todo mi trabajo, y toda la casa de mi padre. Y llamó el nombre del segundo, Efraín; porque dijo: Dios me hizo fructificar en la tierra de mi aflicción.* GÉNESIS 41:51-52

Al nombrar así a sus hijos, José estaba diciendo que había decidido mirar hacia delante y dejar atrás el dolor de su pasado. Evidentemente, no olvidó los hechos; simplemente, ya no le dolían. Si te mantienes cerca de Dios, Él te ayudará a sanar los dolores del pasado.

¿Qué pruebas has visto de la restauración de Dios en tu vida?

ROMANOS 12:17-19

No paguéis a nadie mal por mal; procurad lo bueno delante de todos los hombres. Si es posible, en cuanto dependa de vosotros, estad en paz con todos los hombres. No os venguéis vosotros mismos, amados míos, sino dejad lugar a la ira de Dios; porque escrito está: Mía es la venganza, yo pagaré, dice el Señor.

Día 22

DEJAR A DIOS SER DIOS

Dios había elevado el papel de José y le había bendecido con una nueva familia, pero el pasado estaba a punto de llegar. Tal como José predijo, la hambruna llegó a todas partes y los hermanos de José se vieron obligados a viajar a Egipto para comprar grano (Gén. 42). Cuando llegaron a Egipto, ¿adivinas con quién tenían que tratar? Con José.

Hemos llegado a la parte de esta historia que podría haber escrito un guionista de Hollywood. Querrás leer estos capítulos por ti mismo: la intriga, el drama y la emoción de Génesis 42-45 son increíbles. Dios dejó caer a los diez hermanos ofensores en las manos de José. Era la hora del ajuste de cuentas.

Pero José comprendió que no le correspondía tomar represalias. Del mismo modo, Dios te ordena que dejes las cosas en Sus manos. Él puede arreglar las cosas mejor de lo que tú podrías hacerlo nunca.

¿Eres propenso a tomarte la justicia por tu mano o confías en Dios para que se ocupe de quienes te han ofendido?

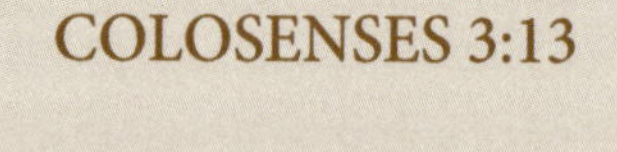

Soportándoos unos a otros, y perdonándoos unos a otros si alguno tuviere queja contra otro. De la manera que Cristo os perdonó, así también hacedlo vosotros.

Día 23

OLVIDANDO LO QUE QUEDA ATRÁS

La historia de José demuestra que si alguien te ha hecho daño, es mejor que sigas adelante con tu vida. La historia de José está llena de giros y vueltas, pero el hilo conductor es que José se quedó con Simeón y envió a los demás de vuelta a casa, advirtiéndoles que no regresaran sin su hermano pequeño Benjamín. Jacob accedió con renuencia a que Benjamín fuera a Egipto con sus hermanos, donde, tras poner a prueba la actitud de estos, José les reveló su identidad. Después de esto, se reunieron con lágrimas en los ojos. Luego mandaron a buscar a Jacob para que viviera en Egipto, donde abundaba la comida. La familia se restableció y sus vidas fueron salvadas (Gén. 43–47).

José podría haber elegido sentir lástima de sí mismo, el no perdonar y la amargura. En cambio, eligió perdonar. Independientemente de tu pasado, si lo traes a Jesucristo y pides Su gracia, Él puede restaurar tu vida para que solo tú sepas que alguna vez estuvo quebrantada.

¿A quién necesitas perdonar? ¿En qué cambiará tu vida si te liberas de la falta de perdón?

*Y sabemos que a
los que aman a Dios, todas
las cosas les ayudan a bien,
esto es, a los que conforme a
su propósito son llamados.*

Día 24
LOS PROPÓSITOS MÁS GRANDES DE DIOS

José pudo haber respondido al maltrato de sus hermanos de diversas maneras, pero comprendió que Dios podía sacar algo bueno de circunstancias desafortunadas. Cuando se dirigió a sus hermanos les dijo:

> *Vosotros pensasteis mal contra mí, mas Dios lo encaminó a bien, para hacer lo que vemos hoy, para mantener en vida a mucho pueblo. Ahora, pues, no tengáis miedo; yo os sustentaré a vosotros y a vuestros hijos. Así los consoló, y les habló al corazón.* GÉNESIS 50:20-21

Mi reto para ti, de hombre a hombre y como hermano en Cristo, es que no permitas que tu pasado controle tu caminar con Dios en el presente mientras sigues avanzando hacia el futuro que Él tiene para ti. Puede suceder si sometes tu pasado, y tu presente, al señorío de Jesucristo. Entonces ya no necesitarás el pasado como excusa.

¿Crees que Dios es capaz de traer cosas buenas de acontecimientos desafortunados?

BASTA DE SENTIRSE SIN VALOR

HECHOS 7:20

En aquel mismo tiempo nació Moisés, y fue agradable a Dios; y fue criado tres meses en casa de su padre.

Día 25
SUPERAR EL RECHAZO

El rechazo duele a cualquier nivel, en cualquier etapa de la vida. Es difícil de superar, pero no es imposible. Dios ha creado un camino para que salgas del estigma del rechazo, de modo que ya no te haga tropezar. Dios no pretende que Sus hijos vivan en una derrota constante y tiene la capacidad de hacerte superar las circunstancias difíciles de forma que seas más fuerte que antes.

Vamos a examinar a un gigante bíblico que fue rechazado por su pueblo, huyó y vivió bajo la nube del rechazo durante los siguientes cuarenta años. Se trata de Moisés.

Si has experimentado el rechazo, es posible que padezcas lo que denominamos falta de autoestima, la sensación de que no vales mucho y no puedes hacer gran cosa. Si es así, pronto verás que estás en buena compañía, porque ese era también el problema de Moisés. Moisés se convirtió en un hombre que Dios usó de forma poderosa.

¿Te han hecho dudar de ti los rechazos del pasado? Si es así, ¿estás buscando a Dios en esta área?

HEBREOS 11:24-25

Por la fe Moisés, hecho ya grande, rehusó llamarse hijo de la hija de Faraón, escogiendo antes ser maltratado con el pueblo de Dios, que gozar de los deleites temporales del pecado.

Día 26
UN ERROR DE CÁLCULO MONUMENTAL

La madre de Moisés temía por su vida debido al decreto asesino del faraón de matar a todos los bebés varones hebreos (Ex.1:22). Así que puso a Moisés en una cesta de mimbre cerca del Nilo, con la esperanza de que alguien interviniera. Moisés fue rescatado por la hija del faraón y criado en una casa de la realeza, pero echaba de menos a su patria (Ex. 2:5-8).

En aquellos días sucedió que crecido ya Moisés, salió a sus hermanos, y los vio en sus duras tareas, y observó a un egipcio que golpeaba a uno de los hebreos, sus hermanos. Entonces miró a todas partes, y viendo que no parecía nadie, mató al egipcio y lo escondió en la arena. ÉXODO 2:11-12

Era noble y correcto que Moisés se identificara con el pueblo de Dios. Pero calculó mal el método y el momento de Dios. Como resultado, la vida de Moisés iba a dar un giro dramático. Los seguidores de Cristo tienen que ser sensibles a la dirección de Dios.

¿Te has adelantado alguna vez al tiempo de Dios? Si es así, ¿cuáles fueron los resultados?

ISAÍAS 41:10

No temas, porque yo estoy contigo; no desmayes, porque yo soy tu Dios que te esfuerzo; siempre te ayudaré, siempre te sustentaré con la diestra de mi justicia.

Día 27
RAZONES PARA TEMER

Moisés no había actuado con buen juicio. El alcance de su error de cálculo se hizo evidente al día siguiente, cuando volvió a la escena de su crimen (Ex. 2:13-14). Encontró a dos hermanos hebreos golpeándose e intentó detenerlos. Cuando Moisés intervino, el hombre le preguntó: «¿Piensas matarme como mataste al egipcio?» (Ex. 2:14).

Moisés tenía buenas razones para temer. Su crimen se había hecho público y ni siquiera lo sabía. El texto dice: «Oyendo Faraón acerca de este hecho, procuró matar a Moisés; pero Moisés huyó de delante de Faraón, y habitó en la tierra de Madián» (Ex. 2:15).

Tal vez, al igual que Moisés, hayas tomado una mala decisión y estés cosechando las consecuencias. Quizá hayas sentido el aguijón del rechazo. Moisés se había equivocado, pero aún tenía sus mejores días por delante. Aunque tengas motivos legítimos para temer, Dios puede cambiar tus circunstancias.

¿Qué errores del pasado te gustaría que Dios redimiera?

SALMO 25:4-5

Muéstrame, oh Jehová,
tus caminos;
enséñame tus sendas.
Encamíname en tu
verdad, y enséñame,
porque tú eres el Dios
de mi salvación;
en ti he esperado todo el día.

Día 28
UN RECHAZO DE LA REALEZA

Moisés había sido rechazado por su propio pueblo, los hebreos. Había sido rechazado y perseguido por la cabeza de su propia familia: el faraón. Su mundo se había desmoronado y nadie parecía querer a aquel hombre. Todo porque había intentado hacer algo bueno, liberar a su pueblo.

Moisés tenía buenas intenciones: tenía el deseo correcto, pero no comprendió que no se puede hacer lo correcto de manera incorrecta. Cuando se trata de Dios, el momento oportuno lo es todo. La mayoría de los hombres afrontan el rechazo huyendo de él. No solemos estar bien preparados emocionalmente para afrontarlo, así que huimos.

Si te has hecho un desastre y ahora estás huyendo, tengo buenas noticias para ti. La belleza de la gracia de Dios es que, incluso cuando huyes, Él sabe adónde vas. Si se lo permites, te ayudará a dejar atrás tus errores, tu pecado y tu rechazo, y a empezar de nuevo.

¿Dónde necesitas un nuevo comienzo?
¿Cómo buscas la guía de Dios?

JEREMÍAS 29:11

Porque yo sé los pensamientos que tengo acerca de vosotros, dice Jehová, pensamientos de paz, y no de mal, para daros el fin que esperáis.

Día 29

DE HEREDERO A PASTOR A SUELDO

Un hombre llamado Jetro dio a su hija Sefora en matrimonio a Moisés, Séfora, una mujer africana, y Moisés se establecieron en la tierra de Madián para iniciar su nueva «profesión» de pastor (Ex. 2:16-22). Pastorear ovejas era un humillante paso atrás respecto a ser heredero del trono de Egipto. Pero las cosas empezaban a retumbar en Egipto:

> *Aconteció que después de muchos días murió el rey de Egipto, y los hijos de Israel gemían a causa de la servidumbre, y clamaron; y subió a Dios el clamor de ellos con motivo de su servidumbre. Y oyó Dios el gemido de ellos, y se acordó de su pacto con Abraham, Isaac y Jacob. Y miró Dios a los hijos de Israel, y los reconoció Dios.* Éxodo 2:23-25

Probablemente Moisés creía que estaría cuidando ovejas para siempre, pero Dios lo estaba preparando para su siguiente misión.

¿Eres consciente de que Dios tiene planes de los que aún no eres consciente? ¿Vives con un sentido de anticipación?

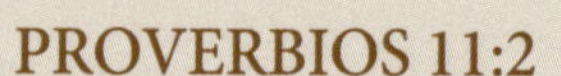
PROVERBIOS 11:2

Cuando viene la soberbia,
viene también la deshonra;
mas con los humildes
está la sabiduría.

Día 30
DIOS HONRA UN CORAZÓN HUMILDE

Pasar cuarenta años cuidando ovejas fue una experiencia humillante para Moisés. ¿Alguna vez te han humillado así? Es un golpe para tu orgullo, pero a veces es necesario. A veces, para llevarte adonde Él quiere que estés, Dios tiene que hacerte caer bajo antes de poder llevarte alto.

Dios puede utilizar el rechazo para rebajarnos y abrirnos los ojos para que veamos como Él ve. También puede utilizar las consecuencias de nuestro pecado para humillarnos. La Biblia dice: «La soberbia del hombre le abate; pero al humilde de espíritu sustenta la honra» (Prov. 29:23).

Dios honra un corazón humilde. Nunca pretende que el rechazo, el dolor o las consecuencias del pecado repetido se conviertan en una celda, en una excusa para no hacer nada ahora. Quiere que utilicemos el rechazo como un peldaño, no como una piedra de tropiezo. Es una herramienta diseñada para cultivar las virtudes de la fe, la confianza y la humildad.

¿Qué experiencias ha utilizado Dios para humillarte? ¿Qué has aprendido?

ÉXODO 3:4

Viendo Jehová que él iba a ver, lo llamó Dios de en medio de la zarza, y dijo: ¡Moisés, Moisés! Y él respondió: Heme aquí.

Día 31

EL TERRITORIO DE DIOS Y SU TIEMPO

Hasta este momento, Moisés tenía demasiado egipcio en él. Tenía más que suficiente conocimiento egipcio, pero no tenía suficiente conocimiento de Dios. Como resultado, Moisés hizo una mala elección y pasó los siguientes cuarenta años siendo humillado. Pero entonces ocurrió algo milagroso:

> *Y se le apareció el Ángel de Jehová en una llama de fuego en medio de una zarza; y él miró, y vio que la zarza ardía en fuego, y la zarza no se consumía. Entonces Moisés dijo: Iré yo ahora y veré esta grande visión, por qué causa la zarza no se quema.* ÉXODO 3:2-3

Si Dios hubiera permitido que Moisés se saliera con la suya matando a aquel egipcio cuarenta años antes, Moisés nunca habría sabido que no estaba preparado para el liderazgo. Pero cuarenta años después, estaba a punto de descubrir que sí estaba preparado.

¿Qué experiencias ha utilizado Dios para madurarte y prepararte? ¿Hacia dónde sientes que Dios te guía?

ÉXODO 3:5

Y dijo: No te acerques; quita tu calzado de tus pies, porque el lugar en que tú estás, tierra santa es.

Día 32
TIERRA SANTA

Cuando Moisés estaba ante la zarza ardiente, Dios le ordenó que no se acercara porque el lugar en el que se encontraba Moisés era tierra santa (Ex. 3:5).

Espera, ¿no estamos hablando de matorrales, tierra y rocas? Ya no, porque había llegado la resplandeciente gloria *Shekinah* de Dios. ¿Por qué le dijo Dios a Moisés que se quitara las sandalias? ¿Qué diferencia había entre medio centímetro de suela de un zapato? Bueno, cuando estás en presencia de Dios, incluso medio centímetro de altura es demasiado. Baja todo lo que puedas; eso es humildad.

Dios estaba diciendo: «Moisés, ahora ya no eres ese egipcio engreído. ¿Estás dispuesto a obedecerme? ¿Te has humillado lo suficiente con las ovejas para aprender? ¿Entiendes que hago las cosas a mi manera?». Ese es el proceso que Dios inició con Moisés cuando se apartó para ver la zarza ardiente. Dios le dijo: «Moisés, quiero que entiendas que Yo estoy al mando. Esto es tierra santa. Este es mi territorio».

¿Te ha desviado Dios alguna vez de tu camino para comunicarte Su autoridad? Si es así, ¿cómo?

ÉXODO 3:12

Y él respondió: Ve, porque yo estaré contigo; y esto te será por señal de que yo te he enviado: cuando hayas sacado de Egipto al pueblo, serviréis a Dios sobre este monte.

Día 33
EL DIOS QUE EQUIPA

Dios se tomó cuarenta años para arreglar a Moisés, pero el trabajo finalmente se hizo, y Dios le dijo a Moisés: «Ahora estoy listo para hacer algo. Estoy listo para liberar a mi pueblo y llevarlo a su propia tierra. Los he escuchado clamar, y he visto la opresión, y ya he tenido suficiente» (Ex. 3:7-8).

Los efectos persistentes de lo que le había sucedido a Moisés cuando intentó actuar como libertador empezaron a aflorar. Su primera respuesta estuvo llena de dudas (Ex. 3:11).

El rechazo acabará con la arrogante confianza en uno mismo. Lo que Moisés necesitaba era una confianza asentada en Dios. Moisés estaba agitado por su rechazo a manos de los hebreos. Había sido un humilde pastor de ovejas durante cuarenta años. Había perdido la confianza en que Dios podía utilizarle. Tenía un sentimiento de inferioridad. Así que Dios respondió a Moisés diciendo: «Yo estaré contigo» (Ex. 3:12). Dios sabía que Moisés se había humillado. Pero el asunto ya no era de qué era capaz Moisés, sino qué es Dios capaz de hacer.

¿Confías en ti mismo o en Dios?
¿Cómo cambia las cosas cuando confías en Dios?

ÉXODO 3:14

Y respondió Dios a Moisés:
«YO SOY EL QUE SOY.
Y dijo: Así dirás
a los hijos de Israel:
YO SOY me envió a vosotros».

Día 34
YO SOY EL QUE SOY

Cuando Moisés escucho su nueva misión, se llenó de dudas, preguntas y objeciones (Ex. 3:13; 4:1) Observa que Dios no le dio una charla sobre sus cualidades de liderazgo. Dios respondió a Moisés: «YO SOY EL QUE SOY» (Ex. 3:14).

Nuestra mayor necesidad no es la confianza en nosotros mismos, sino la confianza en Dios. Se nos enseña a decir: «¡Yo puedo hacerlo!». No hay nada necesariamente malo en tener un sano sentido de confianza en los dones y capacidades que Dios te ha dado. Pero lo que la mayoría de nosotros necesitamos es más confianza en el Dios que da los dones y las capacidades.

Moisés se sintió sacudido por sus fracasos pasados, pero Dios utiliza incluso las malas experiencias para prepararnos para el servicio futuro. A menudo, la tragedia no es solo que pasemos por este tipo de experiencias. La tragedia es que a menudo pasamos por ellas sin aprender ni darnos cuenta de que Dios puede sacar algo bueno de esas experiencias.

¿Cómo describirías la diferencia entre la confianza en uno mismo y la confianza en Dios?

ÉXODO 14:13-14

*Y Moisés dijo al pueblo:
No temáis; estad firmes, y
ved la salvación que Jehová
hará hoy con vosotros;
porque los egipcios que hoy
habéis visto, nunca más para
siempre los veréis. Jehová
peleará por vosotros, y
vosotros estaréis tranquilos.*

Día 35

OBEDECER A DIOS CONDUCE A LA RESTAURACIÓN

Moisés estaba a punto de emprender el viaje de su vida. Al leer el libro del Éxodo, verás que Moisés tiene un vuelco en su destino. Dirigir al pueblo de Israel no era tarea fácil, pero Dios es fiel. Obedeciendo las órdenes de Dios, Moisés pasó de ser un ovejero oprimido a ser el líder del pueblo de Dios.

Y Jehová dio gracia al pueblo en los ojos de los egipcios. También Moisés era tenido por gran varón en la tierra de Egipto, a los ojos de los siervos de Faraón, y a los ojos del pueblo. ÉXODO 11:3

No importa cuánto te haya rechazado tu padre, tu madre o cualquier otra persona, si sigues a Dios en obediencia, Él puede compensar toda la pérdida y mucho más. Moisés recuperó toda la estima que había perdido, pero esta vez la obtuvo de Dios. Tenemos un gran ejemplo en Moisés.

¿En qué áreas te gustaría que Dios cambiara tu destino o restaurara algo que has perdido?

BASTA DE INMORALIDAD

1 CORINTIOS 6:18

Huid de la fornicación. Cualquier otro pecado que el hombre cometa, está fuera del cuerpo; mas el que fornica, contra su propio cuerpo peca.

Día 36
LOS ATRACTIVOS DEL PECADO SEXUAL

Uno de los pecados más devastadores que conozco es el de la inmoralidad sexual. No debería sorprendernos que la Biblia no dude en hablar de sexo. La Biblia no se avergüenza de decirnos la verdad sobre el sexo, tal y como Dios lo creó y tal y como la humanidad lo ha tergiversado y malversado.

Ya que uno de los métodos más poderosos de enseñanza es el ejemplo de la vida real, vamos a examinar la historia bíblica del rey David, un hombre que cometió adulterio. Vamos a ver cómo se desmorona su vida por causa de su pecado y de sus intentos de excusarlo y encubrirlo, y luego veremos cómo la gracia de Dios recompone a este hombre.

El rey David era un hombre conforme al corazón de Dios (1 Sam. 13:14), por lo que el hecho de que David cayera en el pecado sexual, e incluso asesinara por ello, debería abrirnos los ojos a todos sobre la propensión de la humanidad. Ninguno de nosotros está libre de esta tentación ni exento de los intentos de Satanás de utilizarla para derribarnos.

¿Eres consciente habitualmente de las posibles consecuencias del pecado sexual?

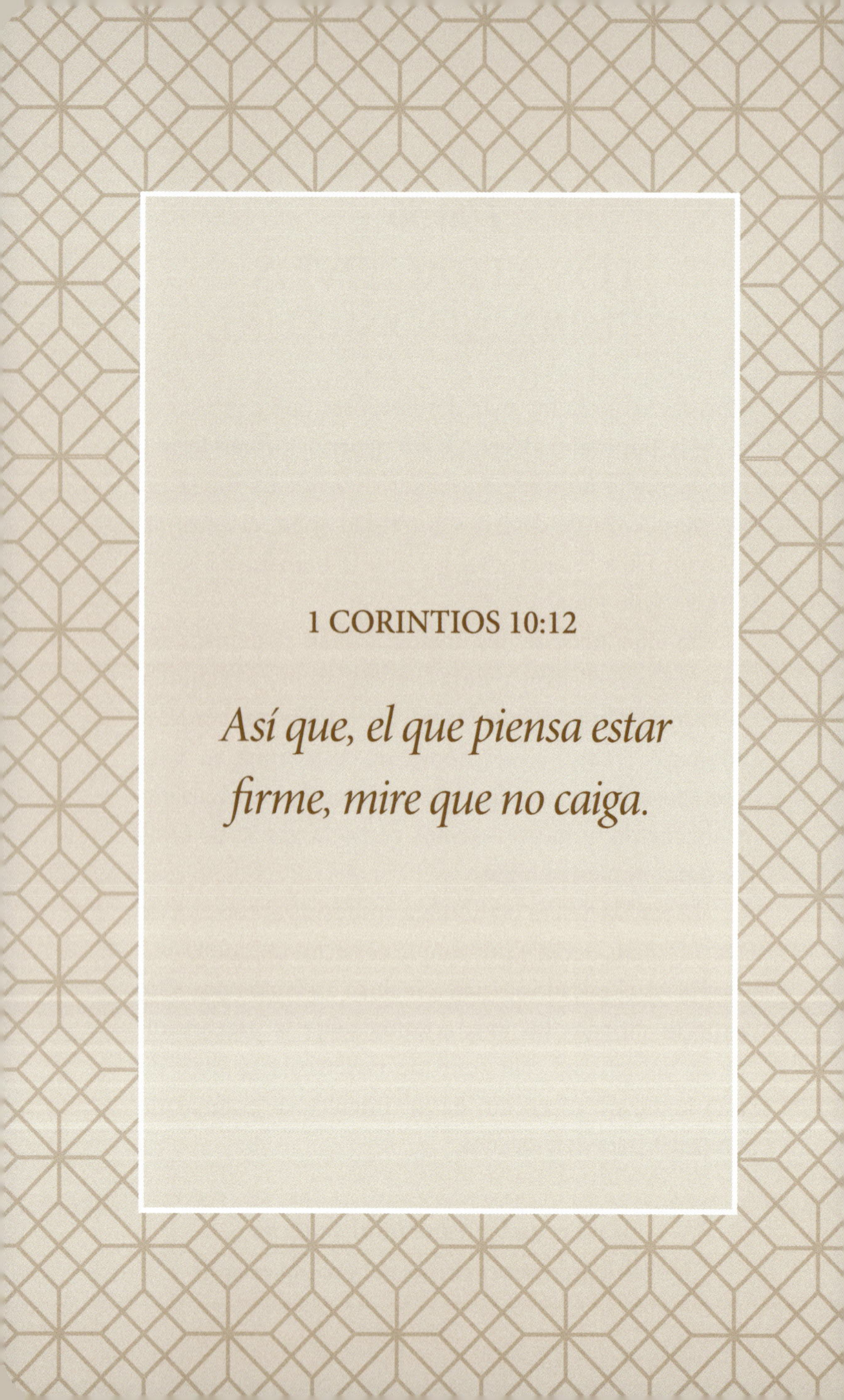
1 CORINTIOS 10:12
Así que, el que piensa estar firme, mire que no caiga.

Día 37

EL LUGAR EQUIVOCADO EN EL MOMENTO EQUIVOCADO

La Biblia nos cuenta lo que salió mal con David. La primavera era la época en que los reyes salían a la guerra, pero David se quedó en casa. David no estaba donde debía ni estaba haciendo lo que se suponía que debía hacer.

Así que tenemos a un hombre de mediana edad merodeando por casa sin nada que hacer. Es primavera, la estación del amor. Es un rey, así que puede tener lo que quiera. Esto era una mala combinación.

Entonces ocurrió. David se levantó de su siesta vespertina y decidió pasear por el tejado del palacio, que estaba situado en lo alto de la ciudad. Desde allí podía ver otras casas. Mientras David recorría la ciudad, «vio desde el terrado a una mujer que se estaba bañando, la cual era muy hermosa» (2 Sam. 11:2). Preguntó por ella y descubrió que se llamaba Betsabé. David no lo había planeado, pero está a punto de cometer un pecado grave.

En cuanto a la tentación sexual, ¿por qué es crucial evitar que nos sorprenda desprevenidos?

ÉXODO 20:14

No cometerás adulterio.

Día 38
CAPAZ DE TODO

El rey David venía de unos veinte años de éxito espiritual. Estaba caminando con Dios. Tuvo sus fracasos, pero había vivido muchos años con fortaleza espiritual. David no se levantó aquella mañana con la intención de caer en pecado: lo tomó desprevenido.

Muchos de nosotros diríamos: «Yo nunca habría llegado tan lejos como para intentar averiguar el nombre de la mujer». Ten cuidado, porque puedes hacer cualquier cosa cuando Satanás se apodera de ti. David no solo averiguó el nombre de Betsabé, sino algo más sobre ella. Era «mujer de Urías el heteo» (2 Sam. 11:3).

Urías era uno de los soldados más leales de David. Pero eso no impidió que David llevara a cabo el pecado que estaba formulando en su mente. El pecado sexual ciega al hombre ante las consecuencias. La Biblia dice que David vio a Betsabé. Pero lo que no vio fue que aquella única noche cambiaría el resto de su vida.

¿Has subestimado alguna vez el poder de la tentación? ¿Qué has aprendido?

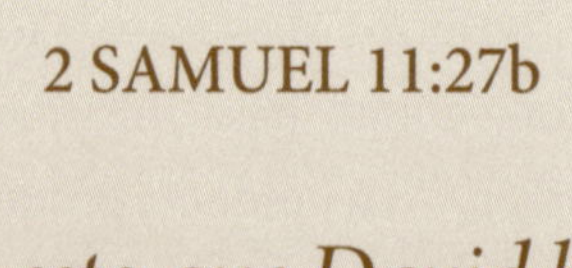

2 SAMUEL 11:27b

Mas esto que David había hecho, fue desagradable ante los ojos de Jehová.

Día 39

LAS COMPLICACIONES DEL PECADO SEXUAL

Se estaba desarrollando una tragedia. David mandó llamar a Betsabé y «la tomó; y vino a él, y él durmió con ella» (2 Sam. 11:4). El mañana no importaba; lo único que importaba era el ahora mismo. En medio de su ociosidad, David cometió el mayor error de su vida. Pero no contaba con que Betsabé quedara embarazada. A Satanás le encanta poner la tentación delante de nuestros ojos, pero oculta las consecuencias.

David hizo un plan para encubrir las cosas. (vv. 6-17). Cuando lees cómo se desarrolla esta trama, lo que más llama la atención es el cálculo y la frialdad de todo el asunto (vv. 16-25). Al final, Urías murió en el campo de batalla, y cuando terminó el periodo de luto de Betsabé, David se casó con ella. Pero David no se libró. Podía parecer que David se había salido con la suya, pero Dios era consciente de lo que había hecho y lo llamaría a cuentas.

¿Has presenciado alguna vez cómo el pecado se descontrola? ¿Por qué tiende el pecado a intensificarse?

HEBREOS 4:13

Y no hay cosa creada que no sea manifiesta en su presencia; antes bien todas las cosas están desnudas y abiertas a los ojos de aquel a quien tenemos que dar cuenta.

Día 40
LA PALABRA DE UN PROFETA

Luego de un año, Dios envió al profeta Natán a llamar a David (2 Sam. 12:1). Natán sabía que no debía entrar en la sala del trono de un rey y empezar a lanzar acusaciones. Así que Natán le contó a David una historia conmovedora.

Dijo: «Había dos hombres en una ciudad, uno rico, y el otro pobre. El rico tenía numerosas ovejas y vacas; pero el pobre no tenía más que una sola corderita, que él había comprado y criado, y que había crecido con él y con sus hijos juntamente, comiendo de su bocado y bebiendo de su vaso, y durmiendo en su seno; y la tenía como a una hija. Y vino uno de camino al hombre rico; y este no quiso tomar de sus ovejas y de sus vacas, para guisar para el caminante que había venido a él, sino que tomó la oveja de aquel hombre pobre, y la preparó para aquel que había venido a él» (vv. 1-4).

David ardió de ira y dijo que el hombre de la historia merecía morir y devolver cuatro veces lo que debía (vv. 5-6). Natán informó a David que él era el hombre al que se refería (vv. 7-8). Al igual que David, a menudo no podemos ver la profundidad de nuestro propio pecado. Pero Dios se toma el pecado muy en serio y nos llama al arrepentimiento.

El pecado de adulterio exigía la muerte. ¿Crees que el castigo de Dios fue duro o lleno de gracia?

SALMO 51:6

He aquí, tú amas
la verdad en lo íntimo,
y en lo secreto me has hecho
comprender sabiduría.

Día 41

LA NECESIDAD DE LA CONFESIÓN

Cuando el profeta Natán confrontó a David, este demostró por qué era llamado hombre conforme al corazón de Dios. La respuesta inmediata de David fue: «He pecado contra el Señor» (2 Sam. 12:13). Su oración de confesión y arrepentimiento está registrada en el Salmo 51. Si has caído en fornicación, adulterio, homosexualidad, pornografía, lujuria o cualquier otra forma de inmoralidad sexual, este es el tipo de oración que Dios espera de ti.

Ten piedad de mí, oh Dios, conforme a tu misericordia; Conforme a la multitud de tus piedades borra mis rebeliones. Lávame más y más de mi maldad, y límpiame de mi pecado. Porque yo reconozco mis rebeliones, y mi pecado está siempre delante de mí. Contra ti, contra ti solo he pecado, y he hecho lo malo delante de tus ojos; para que seas reconocido justo en tu palabra, Y tenido por puro en tu juicio. Salmo 51:1-4

¿Confiesas tus pecados a Dios?
¿Qué pasos puedes dar para que la confesión forme parte de tu vida cotidiana?

SALMO 32:1-2

Bienaventurado aquel cuya transgresión ha sido perdonada, y cubierto su pecado. Bienaventurado el hombre a quien Jehová no culpa de iniquidad, y en cuyo espíritu no hay engaño.

Día 42
CONFESIÓN Y ARREPENTIMIENTO

David se arrepintió de su pecado. Comprendió que la única forma de volver de una caída moral es cambiar de dirección y confesar tu pecado ante Dios. Ahora bien, mucha gente no sabe lo que Dios quiere decir cuando dice que te confieses. Sacan esta pequeña oración y dicen: «Señor, lamento los pecados que he cometido hoy. Perdóname. En el nombre de Jesús, Amén». Eso no es confesión.

La palabra confesar significa estar de acuerdo. En la confesión, estás de acuerdo con Dios cuando dice que lo que hiciste fue pecado. La confesión no es solo un mero «lo siento». El verdadero arrepentimiento consiste en aceptar tu rebelión contra un Dios santo.

Arrepentirse significa reconocer tu pecado, lamentarlo y terminar con él. No es un acto puntual, sino un estilo de vida continuo. Las personas arrepentidas saben que son pecadoras y que necesitan limpieza.

¿Cómo describirías la diferencia entre confesión y arrepentimiento?

SALMO 103:10-11

No ha hecho con nosotros conforme a nuestras iniquidades, ni nos ha pagado conforme a nuestros pecados. Porque como la altura de los cielos sobre la tierra, engrandeció su misericordia sobre los que le temen.

Día 43
UN DIOS AMOROSO

La confesión y el arrepentimiento pueden ser humillantes y dolorosos, pero ¡qué Dios tan fiel y perdonador tenemos! David utiliza una hermosa palabra hebrea en el Salmo 51:1, *hesed*, que puede traducirse como «gran amor» (NVI). Otra forma de traducir esta palabra es «amor leal», que da la misma idea de devoción y compromiso.

Ese es el tipo de amor que Dios muestra para con el que ha pecado, pero el pecador debe mostrar un verdadero arrepentimiento sin poner excusas. La persona verdaderamente arrepentida no dice: «Señor, sé que metí la pata, pero fue culpa de la mujer». Ese tipo de actitud es la que vimos en Adán cuando culpó a Eva en el jardín del Edén, y no refleja un corazón transformado (Gén. 3:12).

Observa que el nombre de Betsabé nunca aparece en la oración de David. Él mismo reconoció su pecado. El verdadero arrepentimiento dice: «Este es mi problema y mi pecado, porque yo no tenía que ceder ante ello».

¿De qué manera has encontrado que Dios es fiel y perdonador?

SALMO 51:9-10

Esconde tu rostro
de mis pecados,
y borra todas mis maldades.
Crea en mí, oh Dios,
un corazón limpio,
y renueva un espíritu
recto dentro de mí.

Día 46
APRENDER A CAMINAR EN EL ESPÍRITU

Como creyentes, seguiremos enfrentándonos a la tentación. Aprender a caminar en el poder del Espíritu Santo es la clave de la victoria sobre el pecado y la tentación. Pablo escribió: «Andad en el Espíritu, y no satisfagáis los deseos de la carne» (Gál. 5:16).

Por supuesto, esto no significa que ya no tengamos deseos de la carne. Mientras estemos vivos nos enfrentaremos a la tentación. Pero como cristianos, ya no tenemos que obedecer la ley de la carne (Rom. 8:2). Esto no evitará que sientas los deseos de la carne, pero evitará que tengas que seguir esos deseos.

Nadie nos obliga a pecar. El diablo es poderoso, pero lo único que puede hacer es tentarnos e influir en nosotros. Si alimentas al Espíritu en tu interior mediante la oración, el estudio de la Palabra de Dios y la adoración en una iglesia que enseñe la Biblia, estarás equipado para vencer la ley del pecado y de la muerte.

¿Eres consciente de la realidad de que el Espíritu Santo reside en ti y te ayuda a vencer el pecado?

BASTA DE JUGAR AL LLANERO SOLITARIO

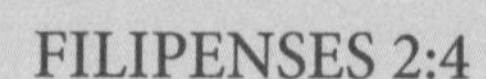

FILIPENSES 2:4

No mirando cada uno
por lo suyo propio,
sino cada cual también
por lo de los otros.

Día 47
CREADOS PARA RELACIONARNOS

¿Recuerdas lo que dijo Dios sobre Adán antes de la creación de Eva? «No es bueno que el hombre esté solo» (Gén. 2:18). El primer comentario de Dios sobre el estado del ser humano fue que Adán necesitaba una ayuda.

Pero los hombres modernos han cambiado eso. Decimos que es mejor que estemos solos (no solteros, sino solos en lo que se refiere a las relaciones). Así que vamos en contra de la Palabra de Dios cuando insistimos en nuestra independencia en detrimento de los que nos rodean. Dios dijo que la soledad no es buena.

No solo necesitas buenas relaciones para ti, sino que también tienes que proporcionarlas a los demás. Si Dios me dice que no es bueno que esté solo, pero yo insisto en ser un solitario, entonces estoy privando a otros que necesitan desesperadamente lo que yo puedo ofrecerles. También me hago daño a mí mismo porque, aunque no lo sepa, yo también necesito desesperadamente lo que ellos tienen para ofrecer.

¿Cómo describirías tus relaciones actuales?

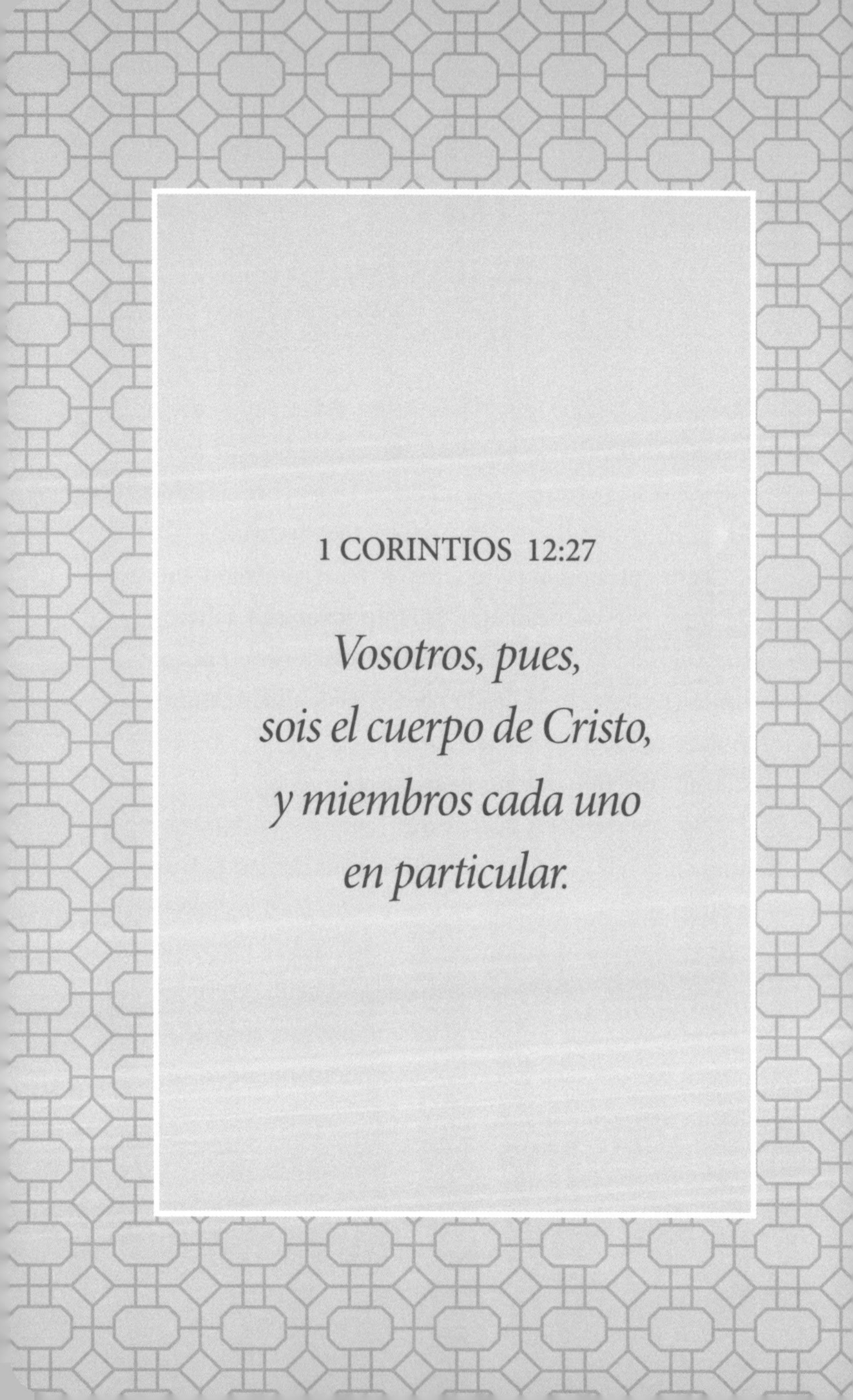
1 CORINTIOS 12:27
*Vosotros, pues,
sois el cuerpo de Cristo,
y miembros cada uno
en particular.*

Día 48

LAS RELACIONES: UNA PRIORIDAD EN EL PROGRAMA DE DIOS

Podemos ver lo importantes que son las relaciones en el programa de Dios observando la forma en que ha construido Su iglesia. La metáfora favorita de la Biblia para la iglesia es «el cuerpo». Un cuerpo no es simplemente un montón de partes que son meros conocidos. Deja caer un ladrillo sobre el dedo desnudo de tu pie y tu cerebro te hará saber al instante lo íntimamente relacionadas que están las partes de tu cuerpo. Tu cabeza y tu cuello no son simples vecinos. Están íntimamente relacionados.

Pablo utiliza la analogía del cuerpo para hacernos saber que, como miembros del cuerpo de Cristo, nos necesitamos unos a otros desesperadamente. Ningún miembro puede decir a otro: «No te necesito». Cuando evitamos ser miembros activos de una iglesia local que cree en la Biblia, todo el cuerpo sufre. Dios nos ha dado dones y habilidades que debemos utilizar para bendecir a Su iglesia.

¿Participas en la iglesia local? Si no es así, ¿cómo puedes avanzar hacia ser un miembro activo en la comunidad bíblica?

Vino a Nazaret, donde se había criado; y en el día de reposo entró en la sinagoga, conforme a su costumbre, y se levantó a leer.

Día 49
LA IGLESIA: ALGO INNEGOCIABLE

El mejor lugar para encontrar comunión con otros creyentes es la iglesia local. Ser miembro activo de la iglesia no es opcional: no es negociable. El escritor de Hebreos dijo:

> *Y considerémonos unos a otros para estimularnos*
> *al amor y a las buenas obras; no dejando de*
> *congregarnos, como algunos tienen por costumbre,*
> *sino exhortándonos; y tanto más, cuanto veis*
> *que aquel día se acerca.* HEBREOS 10:24-25

No vamos a la iglesia para presentarnos y que nos cuenten en la asistencia. Vamos porque estamos relacionados. Satanás ha conseguido mantener separadas a las razas e impedir que se desarrolle una hermandad porque no entendemos cómo funciona el cuerpo. Todo hombre debe tender la mano y desarrollar relaciones con hombres de diferentes razas, culturas o clases sociales.

¿Cuántas relaciones tienes con personas de trasfondos diferentes?

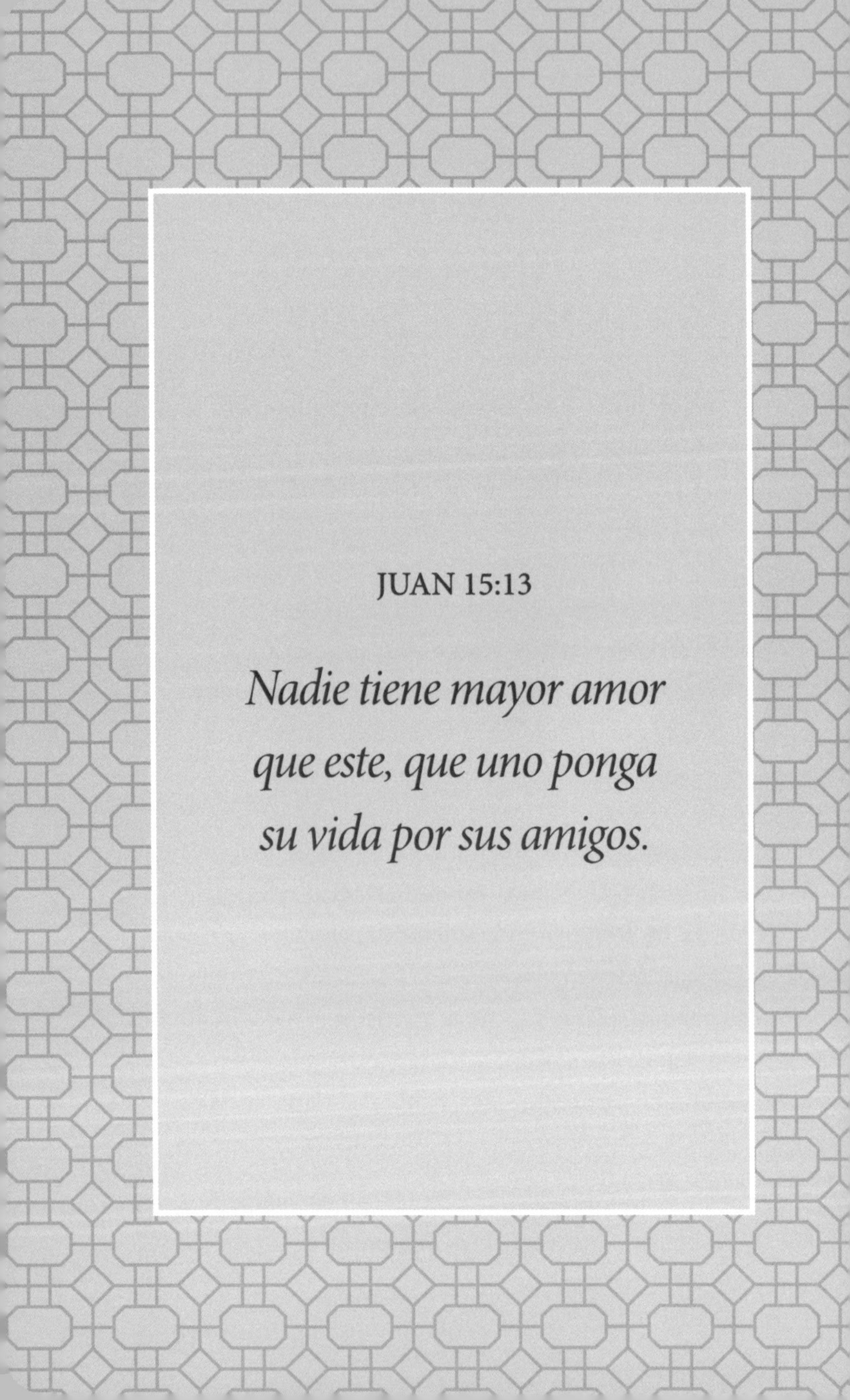
JUAN 15:13
Nadie tiene mayor amor que este, que uno ponga su vida por sus amigos.

Día 50

JESÚS Y LAS RELACIONES

Jesús miró a los discípulos y les dijo: «Vosotros sois mis amigos» (Juan 15:14). Recuerda que Judas estaba en el grupo. Siendo Dios en la carne, Jesús lo sabía. Pero aun así invirtió Su vida terrenal en edificar relaciones vitales con aquellos hombres. Judas traicionó al Señor, pero eso no impidió que Jesús invirtiera en él.

Si Jesús mismo perdió a un amigo, entonces todas nuestras relaciones tampoco van a funcionar. Pero para Jesús mereció la pena, porque los otros once hombres estaban tan comprometidos que dieron su vida por Él. Tenemos que recordar que en las relaciones a veces nos decepcionarán, pero lo bueno supera con creces lo malo. Si evitamos todas las relaciones con la esperanza de evitar que nos hieran o nos traicionen, nos lo vamos a perder.

Tal vez te hayas quemado con una amistad que acabó mal. Eso no es motivo para renunciar a todas las buenas relaciones que aún es posible disfrutar.

¿Evitas las amistades por miedo a que te decepcionen?

FILEMÓN 7

Pues tenemos gran gozo
y consolación en tu amor,
porque por ti, oh hermano,
han sido confortados
los corazones de los santos.

Día 51

PABLO Y LAS RELACIONES

Llegará un momento en que necesites un amigo íntimo. Las relaciones eran importantes para Pablo. Contó a la iglesia que, durante un periodo de tremenda aflicción, se sintió muy consolado por la llegada de su compañero Tito (2 Cor. 7:6-7). Cuando Pablo supo que Tito había sido consolado por los creyentes corintios antes de su llegada, se alegró aún más.

Más adelante en su ministerio, Pablo escribió a Timoteo: «Tenga el Señor misericordia de la casa de Onesíforo, porque muchas veces me confortó, y no se avergonzó de mis cadenas» (2 Tim. 1:16) Luego Pablo instó al propio Timoteo a que procurara «venir antes del invierno» (4:21). Pablo estaba diciendo: «Me siento solo en esta celda. Hace frío. Necesito tu compañerismo». Una y otra vez vemos a Pablo dando y recibiendo en las relaciones.

La vida puede ser difícil y el enemigo es feroz. Necesitamos que otros creyentes nos ayuden y nos animen. Una de las mayores bendiciones de la vida cristiana son las relaciones que podemos disfrutar con nuestros hermanos y hermanas en Cristo.

¿Cómo inviertes actualmente en tus relaciones?

SANTIAGO 5:16

Confesaos vuestras ofensas unos a otros, y orad unos por otros, para que seáis sanados. La oración eficaz del justo puede mucho.

Día 52

NECESARIO, NO SOLO AGRADABLE

Las buenas relaciones no son solo agradables; son bíblicamente necesarias. No se trata solo de que una persona diga: «Bueno, puedo vivir sin acercarme a nadie». Hay mucho más en juego que eso. Mira lo que nos dice Pablo:

> *Hermanos, si alguno fuere sorprendido en alguna falta, vosotros que sois espirituales, restauradle con espíritu de mansedumbre, considerándote a ti mismo, no sea que tú también seas tentado. Sobrellevad los unos las cargas de los otros, y cumplid así la ley de Cristo.* GÁLATAS 6:1-2

No podemos restaurar a un hermano a menos que estemos lo bastante cerca de él como para saber que está sufriendo. Del mismo modo, necesitamos amigos a los que podamos acudir cuando luchemos contra el pecado. Un amigo orará, estará en contacto con nosotros y nos hará rendir cuentas. Las relaciones cercanas son necesarias en la vida cristiana.

¿A quién acudes cuando tienes dificultades?
¿Le has dicho a esa persona lo importante que es para ti?

En todo tiempo ama el amigo, y es como un hermano en tiempo de angustia.

Día 53
ELEGIR BIEN A LOS AMIGOS

El libro de Proverbios tiene mucha sabiduría que ofrecer sobre el tema de las relaciones. ¿Cuándo necesitas más a un amigo? No cuando estás en la cima. No cuando los tiempos son buenos y vienen las multitudes. No cuando el dinero es bueno. Entonces todo el mundo quiere ser tu amigo. Pero un verdadero amigo se queda contigo cuando los tiempos son difíciles.

El hombre que tiene amigos ha de mostrarse amigo;
y amigo hay más unido que un hermano.
PROVERBIOS 18:24

El escritor no está diciendo que sea malo tener muchos amigos. Está diciendo que si todo el mundo es tu amigo, algo va mal. No estás siendo muy sabio al elegir a tus amigos. Si tienes una relación con Jesús, tienes un amigo más cercano que un hermano. Cuanto más cerca estés de Cristo, más sabio serás en tus relaciones.

¿Le pides a Dios que te dé sabiduría y discernimiento para tomar buenas decisiones en tus amistades?

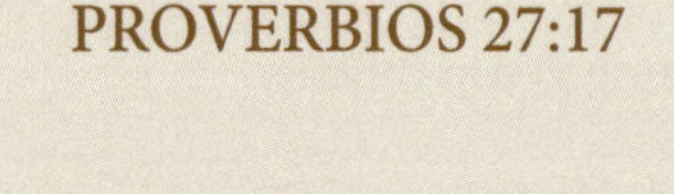

PROVERBIOS 27:17

Hierro con hierro se aguza;
y así el hombre aguza
el rostro de su amigo.

Día 54
UN VERDADERO AMIGO

Es difícil encontrar un amigo que nos diga la verdad en todas las circunstancias. El mundo está lleno de gente que «besa» al jefe o al entrenador o a quien sea para salir adelante. Pero un verdadero amigo puede herirte porque te ama. Proverbios 27:6 dice: «Fieles son las heridas del que ama; pero importunos los besos del que aborrece». Un enemigo te besa porque va a por ti.

¿No traicionó Judas a Jesús con un beso? Un verdadero amigo te corrige cuando te equivocas. Un amigo legítimo nunca te absolverá del mal que hagas.

Los buenos amigos sacan lo mejor de nosotros, incluso cuando nos reprochan nuestro comportamiento. Necesitamos amigos que nos mantengan afilados, que nos quiten las asperezas y nos hagan mejores hombres. Necesitamos amigos que desafíen nuestra forma de pensar y nos ayuden a afinar nuestra vida espiritual hasta que esté afilada.

En la práctica, ¿cómo mantienes a tus amigos «en forma»? ¿Quién de tus amigos saca lo mejor de ti?

Y si alguno prevaleciere
contra uno,
dos le resistirán;
y cordón de tres dobleces
no se rompe pronto.

Día 55

TRES TIPOS DE AMIGOS: PABLO, BERNABÉ Y TIMOTEO

Todo hombre necesita tres tipos de amigos. En primer lugar, necesitamos un amigo como Pablo: un creyente mayor y más maduro, alguien que haya estado donde nosotros intentamos llegar. Necesitamos a alguien que sea un Pablo para nuestro Timoteo, un padre espiritual o un hermano mayor con el que podamos pasar tiempo y del que podamos aprender lo que significa ser un hombre piadoso.

El segundo tipo de amigo que necesitamos es alguien como Bernabé: un hermano del alma. Alguien que te ame, pero que no esté muy impresionado contigo. Alguien que no se ponga nervioso cuando aparezcas, pero que pueda tratar contigo cara a cara. Se trata más bien de una relación entre iguales, del tipo que Pablo tenía con Bernabé.

Junto con un padre y un hermano, también necesitas un Timoteo que sea como un hijo. Tenemos que proporcionar un modelo al que puedan admirar los hombres y los más jóvenes. Necesitan ver a Cristo obrando en nosotros.

¿Tienes un Pablo, un Bernabé y un Timoteo en tu vida? Si no es así, ¿cuál te falta?

1 SAMUEL 18:1

Aconteció que
cuando él hubo
acabado de hablar
con Saúl, el alma de
Jonatán quedó ligada
con la de David,
y lo amó Jonatán
como a sí mismo.

Día 56
UN EJEMPLO BÍBLICO DE AMISTAD

La amistad más conocida de la Biblia es la de David y Jonatán. Era una amistad improbable, pues el padre de Jonatán, el rey Saúl, pretendía matar a David. Pero Jonatán era leal a David y la amistad no era unilateral. Puedes ver hasta qué punto David amaba a Jonatán cuando recibió la noticia de su muerte:

> *Angustia tengo por ti, hermano mío Jonatán,*
> *que me fuiste muy dulce. Más maravilloso*
> *me fue tu amor que el amor de las mujeres.*
> *¡Cómo han caído los valientes, han perecido*
> *las armas de guerra!* 2 SAMUEL 1:26-27

David tenía varias esposas, pero no estaba lo bastante unido a ellas como para contarlas como amigas. En ese sentido, el amor de Jonatán era mejor que el amor de las esposas de David. Las amistades piadosas tienen la capacidad de llenar vacíos tremendos.

¿Tienes algún amigo que sea más cercano que la familia? ¿Qué hace posible esa cercanía?

PROVERBIOS 27:10

No dejes a tu amigo, ni al amigo de tu padre; ni vayas a la casa de tu hermano en el día de tu aflicción. Mejor es el vecino cerca que el hermano lejos.

Día 57

HACER DE LA AMISTAD UNA REALIDAD

Hemos establecido la importancia de las amistades piadosas, así que ¿adónde vamos ahora? En primer lugar, tenemos que tomar la decisión de empezar a construir relaciones. El mejor lugar para empezar es ponerse de rodillas y pedir a Dios que te ayude. La forma más rápida de construir una relación mejor con cualquiera, incluso con tu esposa, es de rodillas.

En segundo lugar, tenemos que apartar tiempo para establecer relaciones. Nota que he dicho apartar tiempo, no encontrar tiempo. Si vas buscando tiempo extra, no lo encontrarás. No está ahí. Tienes que apartar el tiempo para los demás.

En tercer lugar, date cuenta de la verdad del viejo dicho de que la mejor manera de hacer un amigo es ser un amigo. Esfuérzate en afirmar a los demás. Este es un rasgo que la mayoría de los hombres no tienen por naturaleza. En cierto modo, resulta un poco raro dar el tipo de afirmación y estímulo que todos a veces necesitamos. Pero puede ser algo poderoso.

¿Qué ajustes puedes hacer para apartar tiempo a invertir en amistades?

BASTA DE SENTIRTE DUEÑO

GÉNESIS 39:5

*Y aconteció que desde
cuando le dio
el encargo de su casa
y de todo lo que tenía,
Jehová bendijo la casa
del egipcio a causa
de José, y la bendición
de Jehová estaba sobre
todo lo que tenía, así en
casa como en el campo.*

Día 58
¿EN QUÉ CONSISTE LA MAYORDOMÍA?

La Biblia tiene mucho que decir sobre el dinero y las posesiones personales. La forma en que administramos nuestros recursos revela mucho sobre el estado de nuestro corazón.

Nos demos cuenta o no, Dios nos ha hecho a todos mayordomos. Bíblicamente, la palabra mayordomía se refiere a una administración o economía. Un mayordomo en tiempos bíblicos era alguien que administraba o gestionaba los bienes de otra persona. Por tanto, un mayordomo no era dueño de nada, pero lo supervisaba todo para el propietario. Era contador, capataz, jefe de campo y director de oficina, todo en uno. Una ilustración bíblica de la mayordomía es José en casa de Potifar (Gén. 39). Era un puesto de gran responsabilidad.

Nos tropezamos cuando nos aferramos con fuerza a nuestras posesiones y actuamos como si fuéramos los dueños. Para convertirnos en los hombres que Dios quiere que seamos, tenemos que comprender que somos mayordomos.

¿Cómo describirías la diferencia entre administración y propiedad?

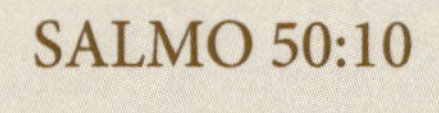
SALMO 50:10

Porque mía es toda bestia del bosque, y los millares de animales en los collados.

Día 59
DIOS LO HIZO, POR LO TANTO ES SUYO

La Biblia declara que Dios es el dueño de todo: «De Jehová es la tierra y su plenitud; el mundo, y los que en él habitan. Porque él la fundó sobre los mares, y la afirmó sobre los ríos» (Sal. 24:1-2). No puede decirse de manera más clara. Dios es el dueño de todo porque Él lo creó todo. Ahora bien, a menos que tú y yo le hayamos ayudado a hacerlo, en realidad no somos dueños de nada.

Es importante entenderlo y creerlo, porque a los hombres nos encanta la propiedad. De ahí obtenemos gran parte de nuestra identidad masculina. Es algo así como lo de Tarzán. ¿Había alguna duda de quién era el dueño de la selva? Tarzán era el rey de sus dominios, y nosotros también queremos serlo. Pero como no podemos columpiarnos entre los árboles y luchar contra leones, coleccionamos cosas. Luego comparamos nuestras cosas con las de los demás para ver quién tiene más cosas. Como dice aquella calcomanía: «El que muera con más juguetes, gana». Pero la Biblia nos llama a un camino mejor.

¿Por qué comparar nuestras posesiones con las de los demás es una situación sin salida?

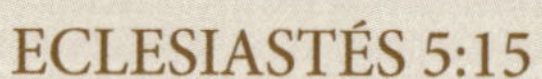

*Como salió del vientre
de su madre, desnudo,
así vuelve, yéndose
tal como vino; y nada
tiene de su trabajo para
llevar en su mano.*

Día 60

EL PAPEL DADO POR DIOS AL HOMBRE

Tú y yo nacimos sin nada más que nuestra piel. Y aunque nos entierren con trajes bonitos, solo será porque otros nos vestirán. No habrá camiones de mudanza siguiendo a los coches fúnebres. Ese día, todos los que nos rodeen se darán cuenta de que todo lo que teníamos solo lo habíamos tomado prestado de Dios. El salmista escribió:

> *No a nosotros, oh Jehová, no a nosotros, sino a tu nombre da gloria, por tu misericordia, por tu verdad. ¿Por qué han de decir las gentes: Dónde está ahora su Dios? Nuestro Dios está en los cielos; todo lo que quiso ha hecho.* SALMO 115:1-3

¿Por qué toda la gloria es de Dios? ¿Por qué puede hacer lo que le plazca? Porque todo es suyo, incluidos tú y yo. Dios no nos creó para nuestro placer, sino para sí mismo. Él es el dueño; tú y yo solo somos los administradores. Como el universo es de Dios, Él hace lo que le place.

¿Qué impacto tiene saber que dejarás esta tierra sin ninguna posesión material? ¿Qué piensas de la riqueza?

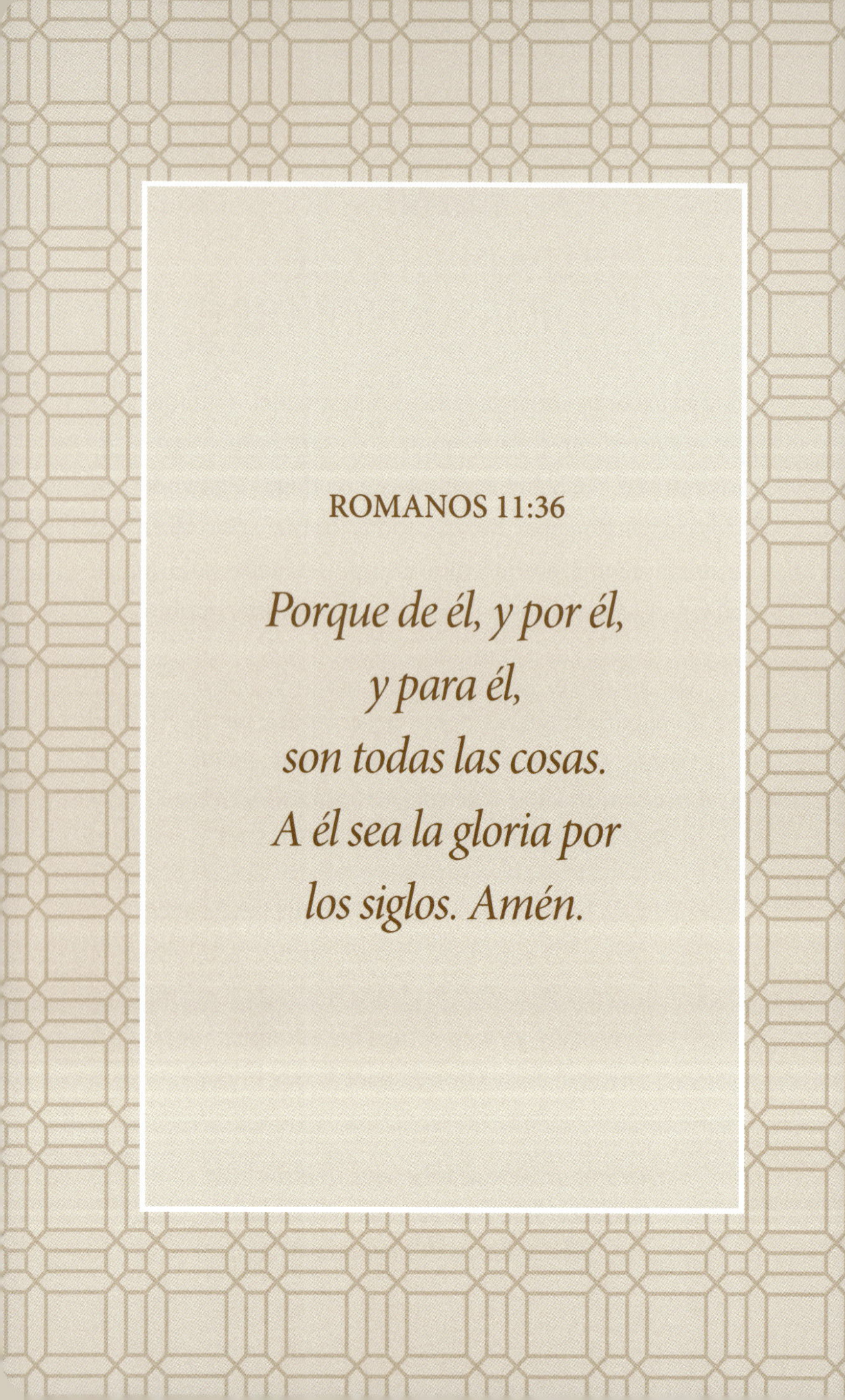
ROMANOS 11:36
Porque de él, y por él,
y para él,
son todas las cosas.
A él sea la gloria por
los siglos. Amén.

Día 61

LA LOCURA DE INTENTAR JUGAR A SER DUEÑO

Supongamos que hoy voy a tu casa y te digo: «Mira, no me gustan tus muebles. Tienen que desaparecer. Tienes que cambiar estas cosas antiguas por contemporáneas. Hay que cambiar todo esto». ¿Qué vas a decir? «Disculpa, estás en mi casa. Yo pagué por estos muebles, y estoy pagando la casa. No has invertido ni un centavo en esta casa. Me gustan los muebles antiguos, así que con todo respeto, ocúpate de tus asuntos».

No hemos invertido ni un céntimo en la creación de Dios. No hemos añadido ni un ápice a lo que se ha hecho, así que no deberíamos vivir como si le hubiéramos ayudado a hacer las cosas. Un mayordomo reconoce a Dios como propietario absoluto de todo. Dios creó este mundo para sí mismo, y es el dueño de todo en virtud de esa creación. Nuestro papel es ser administradores piadosos de lo que Él nos ha confiado.

¿Cómo cambia tu perspectiva sobre tus posesiones el hecho de reconocer que Dios es el dueño de todo?

MALAQUÍAS 3:10

Traed todos los diezmos
al alfolí y haya alimento
en mi casa; y probadme
ahora en esto, dice
Jehová de los ejércitos,
si no os abriré las
ventanas de los cielos,
y derramaré sobre
vosotros bendición hasta
que sobreabunde.

Día 62
DAR A DIOS LO QUE ES DEBIDO

¿Cómo se relaciona la propiedad de Dios sobre todas las cosas con el concepto del diezmo, o dar a Dios el diez por ciento de lo que ganamos? Dios estableció el diezmo con Israel en el Antiguo Testamento. Dijo al pueblo que quería el primer diez por ciento de todo lo que produjeran, ya fueran las cosechas de los campos o los animales nacidos de los rebaños y manadas (Lev. 27:30-33).

Tendemos a confundirlo todo. Pensamos que si damos a Dios diez pesos de nuestros cien, los otros noventa nos pertenecen. Pero dar está pensado para recordarnos que los cien completos pertenecen a Dios. Él nos permite amablemente quedarnos con noventa pesos para nuestras necesidades, pero en realidad todo es suyo. El diezmo también debía darse primero para recordar a los israelitas que Dios satisfaría sus necesidades si le honraban. Así que devolver la porción de Dios antes de pagar tus cuenta es una forma de decir que sabes quién es el verdadero Dueño.

¿Qué le comunicas a Dios cuando no diezmas?

MATEO 6:25

Por tanto os digo:
No os afanéis por
vuestra vida,
qué habéis de comer
o qué habéis de beber;
ni por vuestro cuerpo,
qué habéis de vestir.
¿No es la vida más que
el alimento, y el cuerpo
más que el vestido?

Día 64

¿QUÉ LE ESPERA AL BUEN MAYORDOMO?

Quiero mostrarte lo que Dios tiene reservado para el hombre que hace de la mayordomía una prioridad. En Mateo 6:25-34, Jesús nos da la mejor razón del mundo para ofrecer a Dios lo mejor de nosotros en lugar de nuestras excusas.

La primera razón se expone en el versículo 25: «Por tanto os digo: No os afanéis por vuestra vida». ¿Por qué razón? La razón se nos da en el versículo 24: «Ninguno puede servir a dos señores». Jesús dice que odiarás a un amo y amarás al otro. Luego vuelve con esta afirmación sobre no preocuparse. ¿Cuál es la conexión? Jesús sabe que si consigue que le ames solo a Él y supremamente a Él, no te preocuparás por nada.

Cuando comprendemos que Dios es el dueño de todo y hacemos todo lo posible por obedecer Su Palabra, tenemos motivos para confiar en que Él nos proporcionará todo lo que necesitemos. Cuando el Dios del universo es tu Padre, nunca hay motivos para preocuparse.

¿Luchas contra la preocupación? ¿En qué áreas necesitas confiar en que Dios proveerá?

MATEO 6:26

Mirad las aves del cielo, que no siembran, ni siegan, ni recogen en graneros; y vuestro Padre celestial las alimenta. ¿No valéis vosotros mucho más que ellas?

Día 65
EL DIOS QUE PROVEE

Si enderezamos nuestras vidas ante Dios y aprendemos a confiar en Él y a depender de Él, Él asumirá la responsabilidad de nuestro mañana. Si quieres ver cómo funciona esto, Jesús dice: «Mirad las aves del cielo» (Mat. 6: 26).

Cuando miras a las aves, ves criaturas con mucho que comer. Pero lo que no ves es un ave arando con un tractor. No ves pájaros que se reúnen para levantar un granero y luego llenarlo de heno o maíz. No ves nada de eso. Pero fíjate en el final del versículo 26: «... y vuestro Padre celestial las alimenta. ¿No valéis vosotros mucho más que ellas?». Dios es el Creador de las aves, pero no es su Padre. Es tu Padre, así que si cuida tan magníficamente de las aves, ¿de qué te preocupas?

Dices: «Tony, solo soy alguien que se preocupa demasiado. No puedo evitarlo». Sí que puedes. Preocuparse es una decisión. Jesús no te ordenaría que no te preocuparas si no fueras capaz de hacerlo.

¿En qué cambiaría tu vida si tomaras la decisión de no preocuparte?

MATEO 6:27

¿Y quién de vosotros podrá,
por mucho que se afane,
añadir a su estatura un codo?

Día 66
DAR A DIOS SU LUGAR

La pregunta clave no es si te preocupas, sino si Dios es lo primero. Si no lo es, entonces deberías preocuparte. ¿Por qué? Porque eso significa que estás asumiendo la responsabilidad de cubrir tus propias necesidades. Estás intentando actuar como el dueño, en lugar de como un simple administrador que trabaja para el verdadero Dueño.

¿Cómo sabes si Dios es lo primero en tu vida? Una forma es por cómo manejas tu dinero. Las personas que piensan que la iglesia y los predicadores siempre intentan conseguir su dinero pueden estar confundidas. Esa actitud se basa en la falsa suposición de que si doy algo a Dios, eso significa que ahora tengo menos. Pero no es así en absoluto. Dios dice: «Si me honras primero con tu dinero, tiempo y capacidades, haré que lo que tienes llegue más lejos de lo que nunca pudieras llegar».

Hermano, eso quita la presión. No significa que no tenga que trabajar y ahorrar y ser responsable, pero significa que puedo dejar la preocupación en manos del Dueño.

¿Puedes decir que Dios es lo primero en tu vida? Si no es así, ¿qué ajustes tienes que hacer?

FILIPENSES 4:12

Sé vivir humildemente,
y sé tener abundancia;
en todo y por todo estoy
enseñado, así para estar
saciado como para tener
hambre, así para tener
abundancia como para
padecer necesidad.

Día 67
EL PRIVILEGIO DEL CONTENTAMIENTO

Una de las recompensas de la mayordomía fiel es el contentamiento, una calidad de vida tan difícil de alcanzar que el mundo lleva siglos persiguiéndola y aún no la ha encontrado. El apóstol Pablo llama a la obtención de contentamiento un secreto (Fil. 4:10-12), pero luego nos dice dónde se encuentra el secreto de la satisfacción: «Todo lo puedo en Cristo que me fortalece» (Fil. 4:13).

El secreto para ser un mayordomo contento es tener una relación tan dinámica con Jesucristo que no importen tus circunstancias. La mayoría de las personas solo está contenta cuando tiene salud, el dinero va bien y la casa es bonita.

Pero Pablo dice que el verdadero contentamiento solo se encuentra cuando Cristo obra de forma dinámica en tu vida. No hay nada malo en tener dinero, una casa bonita y buena salud, pero sin Dios seguimos siendo pobres.

¿Cómo calificarías tu nivel de contentamiento? ¿Qué necesitas cambiar para encontrar el contentamiento en Cristo?

1 TIMOTEO 6:9

Porque los que quieren enriquecerse caen en tentación y lazo, y en muchas codicias necias y dañosas, que hunden a los hombres en destrucción y perdición.

Día 68
MÍRALO POR TI MISMO

Sabes que amas el dinero si tu pasión por él supera a tu pasión por Dios. Sabes que amas el dinero cuando tu carrera te aleja de tus rodillas, de la Palabra y de la comunión con los santos.

Me doy cuenta de que, para algunos, los mensajes sobre el dinero entran en la categoría de «Para ti es fácil decirlo». Así que permíteme terminar diciendo que no te fíes de mi palabra. Pruébalo por ti mismo.

Acude a Dios y dile: «Tú vas a ser el número uno conmigo. Voy a ordenar mi vida según tu escala de prioridades. Voy a dejar de poseer cosas y voy a empezar a ser un mayordomo. Voy a dejar de darte lo que me sobra. Voy a confiar en que Tú cumplirás tu Palabra y te responsabilizarás de mis necesidades».

Una vez que comprendas que no puedes engañar a Dios y esperar salir bien, una vez que veas que no puedes engañar a Dios, entonces hacer de Dios el número uno no será ningún problema para ti.

¿Qué cambios necesitas hacer con respecto a Dios y a los recursos que te ha dado?

BASTA DE DESCUIDAR EL TRABAJO

Y creó Dios al hombre a su imagen, a imagen de Dios lo creó; varón y hembra los creó.

Día 69
EL TRABAJO ES UN DON

La Biblia tiene mucho que decir sobre el trabajo, sobre todo para los hombres, dado nuestro papel de liderazgo como proveedores de nuestras familias. Es lamentable que vivamos en un mundo en el que las personas encuentran formas de no trabajar, porque el trabajo es un don de Dios.

Permíteme situar el trabajo en su marco teológico. El trabajo existía antes que el pecado. Por tanto, si solo consideras el trabajo como parte de la maldición que vino a causa del pecado de Adán, te has equivocado. El trabajo siempre formó parte del plan de Dios. Lo primero que dice la Biblia es que «Dios creó los cielos y la tierra» (Gén. 1:1). El Creador estaba ocupado desde el principio.

Lo que vemos hacer a Dios en Génesis 1, antes de que existiera la humanidad o incluso el pecado, es expresarse haciendo un trabajo productivo. Dios es el máximo trabajador, y porque decidió trabajar, tenemos un mundo magnífico que fue creado. Como portadores de la imagen de Dios, nosotros también hemos sido creados para trabajar (Gén. 1:27).

¿Cuál es tu actitud hacia el trabajo? ¿Cuál es tu grado de satisfacción en tu vida laboral?

GÉNESIS 3:17

Y al hombre dijo:
«Por cuanto obedeciste a
la voz de tu mujer, y comiste
del árbol de que te mandé
diciendo: No comerás de él;
maldita será la tierra
por tu causa; con dolor
comerás de ella todos
los días de tu vida».

Día 71
EL TRABAJO Y LA CAÍDA DEL HOMBRE

Cuando Adán y Eva se rebelaron contra Dios, eso afectó su trabajo. Cuando intentaron seguir su propio camino, afectó su bienestar económico. Uno de los juicios por el pecado fue una maldición sobre el trabajo (Gén. 3:17b-19).

Dios dice que, a partir de ahora, la creación se resistirá a tu trabajo. Esta es la razón por la que tantos hombres sienten que el trabajo es una cadena perpetua en lugar de una bendición. Es entonces cuando empiezas a oír las excusas por la forma desordenada y descuidada en que algunos hombres abordan su trabajo. Cuando estás en un trabajo que no te gusta, cuando sientes que tu trabajo no tiene sentido, lo que estás sintiendo son las espinas y los cardos de la maldición. Es parte de nuestra caída en el pecado. Esto también explica por qué los hombres pueden ser tan creativos a la hora de hacer el mal. Nacimos para crear, pero lo que el pecado ha hecho es distorsionar esa capacidad de modo que ahora usamos nuestra capacidad creativa para crear el mal. Cuando el hombre cayó, el trabajo cayó con él. Eso no significa que estemos excusados de trabajar, pero tenemos que enfocarlo de otra manera.

¿Consideras tu trabajo una condena o una bendición?

SANTIAGO 4:15

En lugar de lo cual deberíais decir: «Si el Señor quiere, viviremos y haremos esto o aquello».

Día 72
REDIMIENDO TU TRABAJO

Cuando Adán y Eva pecaron en el jardín del Edén, nuestra vida laboral se vio afectada negativamente: esas son las malas noticias. Pero la buena noticia es que, en Cristo, Dios nos ofrece la redención del trabajo. Aunque los hombres hayan caído y el orden creado sea ahora poco cooperativo, si eres cristiano tienes la oportunidad de recuperar una medida importante del significado del trabajo. ¿Cómo puedes hacerlo? Si conoces a Jesucristo como tu Salvador, Dios puede conectarte de nuevo a Su voluntad, a Su plan.

Si vas a encontrar sentido a tu trabajo, solo lo encontrarás cuando tengas una relación correcta con Dios. De lo contrario, puedes tener el mejor trabajo del mundo y seguir estando vacío por dentro, porque el trabajo en sí mismo no puede darte sentido (Sant. 4:13-17).

En realidad, tu trabajo puede convertirse en una fuente de pecado cuando se excluye la voluntad de Dios. El grado en que integres a Dios en tu trabajo es el grado en que encontrarás sentido a lo que haces cada día.

¿Hasta qué punto Dios forma parte de tu vida laboral cotidiana?

COLOSENSES 3:23-24

Y todo lo que hagáis, hacedlo de corazón, como para el Señor y no para los hombres; sabiendo que del Señor recibiréis la recompensa de la herencia, porque a Cristo el Señor servís.

Día 73
RECUERDA A QUIÉN REPRESENTAS

Tu relación con Dios influye enormemente en tu trabajo. Si un par de horas el domingo es el único tiempo que pasas con Dios, no te sorprendas si de lunes a viernes carece de sentido para ti. La idea es llevar a Dios contigo al trabajo en cuanto a tu actitud.

Si no vas mañana a trabajar pensando: «Voy a trabajar para el Señor», entonces has perdido el sentido del trabajo. La forma más rápida de transformar un mal trabajo es con una nueva actitud. La forma más rápida de conseguir una nueva actitud es cambiar de jefe.

Si trabajas para el Señor, obtendrás tu recompensa de Él (Col. 3:22-24). Si sólo trabajas para «el hombre», el hombre puede darte la recompensa que quiera. Pero si trabajas para el Señor, el hombre tiene que darte lo que el Señor le diga que te dé. Dios quiere que encuentres sentido a tu trabajo, pero lo que le da sentido no es la tarea, sino tu relación con Dios en la tarea.

¿Afrontarías tu trabajo de forma diferente si vieras a Jesús como tu jefe?

ECLESIASTÉS 2:24-25

No hay cosa mejor para el hombre sino que coma y beba, y que su alma se alegre en su trabajo. También he visto que esto es de la mano de Dios. Porque ¿quién comerá, y quién se cuidará, mejor que yo?

Día 74
ENCUENTRA EL GOZO EN TU TRABAJO

No hay nada peor que tener que levantarse e ir a un trabajo que odias. Si tienes problemas con tu trabajo, tienes que leer el libro de Eclesiastés. Salomón tiene mucho que decir sobre cómo encontrar sentido a nuestro trabajo, incluso en un mundo pecaminoso.

He aquí, pues, el bien que yo he visto: que lo bueno es comer y beber, y gozar uno del bien de todo su trabajo con que se fatiga debajo del sol, todos los días de su vida que Dios le ha dado; porque esta es su parte. Asimismo, a todo hombre a quien Dios da riquezas y bienes, y le da también facultad para que coma de ellas, y tome su parte, y goce de su trabajo, esto es don de Dios. ECLESIASTÉS 5:18-19

Tenemos relativamente pocos años para realizar un trabajo productivo. Salomón nos dice que aprovechemos al máximo nuestras oportunidades. Dios puede darnos la capacidad de disfrutar de nuestro trabajo.

¿Le pides a Dios que te permita disfrutar de tu trabajo? ¿Dedicas tiempo a orar por tu trabajo?

2 CORINTIOS 4:18

No mirando nosotros
las cosas que se ven,
sino las que no se ven;
pues las cosas que se
ven son temporales,
pero las que no se
ven son eternas.

Día 75
PERMANECE CONCENTRADO

Necesitamos dinero para mantener a nuestras familias, pero eso está muy lejos de lo que la Biblia llama el deseo de enriquecerse, de lo cual advierte Pablo (1 Tim. 6:9). No hay nada malo en ser rico. Lo que tiene de malo es hacer de la riqueza tu objetivo. Si Dios tiene una razón del reino para hacerte rico, está bien. Pero tu gozo debe estar en la realización de tu trabajo delante de Dios. Me gusta la actitud expresada en Proverbios 30:8-9:

> *Vanidad y palabra mentirosa aparta de mí; no me des pobreza ni riquezas; manténme del pan necesario; no sea que me sacie, y te niegue, y diga: ¿Quién es Jehová? O que siendo pobre, hurte, y blasfeme el nombre de mi Dios.* PROVERBIOS 30:8-9

Este escritor es un hombre que tiene claras sus prioridades. Simplemente le pidió a Dios que supliera sus necesidades para poder mantener su enfoque donde debe estar...

¿Dónde está tu enfoque principal? ¿Necesitas hacer cambios o cambiar tu enfoque hacia Dios?

Acuérdate del día de reposo para santificarlo. Seis días trabajarás, y harás toda tu obra.

Día 76
GUARDANDO EL SABBAT

La Biblia enseña que debe haber un día en cada semana en el que ceses de trabajar. Dios descansó de Su obra de creación el séptimo día (Gén. 2:1-3). Dios no descansó porque estuviera cansado. Su descanso fue el descanso del logro, del trabajo bien hecho. A Dios le pareció tan buena idea descansar un día de cada siete que ordenó a Su pueblo que hiciera lo mismo. El séptimo día en el que Dios descansó se conoció como el Sabbat.

El Sabbat era serio porque era el día en que debías centrarte no en tu trabajo, sino en dar gracias a Dios por el trabajo que te permitía hacer. Era un momento para disfrutar del Dios del trabajo más que del trabajo en sí. El Sabbat también significaba que confiabas en Dios para el trabajo de la semana siguiente. Esto es poderoso, porque significa que cuando trabajas en la voluntad de Dios, puedes confiar en Él para la oportunidad de la semana siguiente, el ascenso de la semana siguiente, los retos de la semana siguiente.

¿Apartas un día a la semana para adorar a Dios y descansar de tu trabajo?

SALMO 127:1

Si Jehová no
edificare la casa,
en vano trabajan
los que la edifican;
si Jehová no guardare
la ciudad,
en vano vela la guardia.

Día 77
LA PROVISIÓN DE DIOS EN EL DESCANSO

Permíteme mostrarte una cosa más sobre el descanso Sabbat y lo que significa para ti y tu trabajo. En el Antiguo Testamento, los israelitas entraron en el reposo de Dios, que era la tierra de Canaán. Era una tierra donde manaba leche y miel. Era una tierra en la que Dios ya les había proporcionado todo lo que necesitaban. Lo único que tenían que hacer era confiar en el Dios de Abraham y entrar en Su reposo (Heb. 4:1-10). Cuando conoces a Cristo, tú también entras en Su reposo. Él ya está haciendo provisión para ti (Sal. 127:1-2).

¿Sabes lo que eso significa? Mientras duermes, Dios está haciendo un trato. Mientras duermes, Él está arreglando las cosas. Mientras duermes, Él está arreglando el sistema. En otras palabras, cuando limitas tu trabajo entrando en el día de reposo de Dios, empiezas a aprovechar Su provisión sobrenatural. Él hace los tratos, Él hace los ascensos, Él da los aumentos, Él ajusta los escenarios y Él da sentido a tu trabajo.

¿Confías en que Dios bendiga tu trabajo o sientes que todo depende de ti?

SALMO 90:17

Sea la luz de Jehová nuestro
Dios sobre nosotros,
y la obra de nuestras manos
confirma sobre nosotros;
sí, la obra de nuestras
manos confirma.

Día 79

DA TODO DE TI

Mi reto para ti es que seas ferviente en tu trabajo. Empieza a pensar en términos de ser un productor y no solo un consumidor. No pongas excusas para dar menos de lo mejor de ti en tu trabajo. Si trabajas duro solo cuando sabes que tu jefe te está mirando, tienes un problema de actitud respecto a tu trabajo. Recuerda que trabajas para el Señor, no para «el hombre».

Trabajar para el Señor significa trabajar con integridad y ser honrado. Cuando Zaqueo se acercó a Cristo, devolvió a las personas cuatro veces lo que había robado (Luc. 19:8). Se convirtió en un hombre íntegro y honesto en su trabajo.

Por supuesto, asegúrate de ser un testigo de Cristo en el trabajo. La gente debe saber que eres cristiano. No quiero decir necesariamente que dejes de trabajar para poder dar testimonio. Me refiero a que, tanto con tus palabras como con tus excelentes hábitos de trabajo, des testimonio de que perteneces a Cristo y de que trabajas para Su reino.

¿Qué pasos puedes dar para encomendar tu trabajo al Señor?

SANTIAGO 4:4

¡Oh almas adúlteras! ¿No sabéis que la amistad del mundo es enemistad contra Dios? Cualquiera, pues, que quiera ser amigo del mundo, se constituye enemigo de Dios.

Día 80
BASTA DE TIBIEZA

Algunas personas tienen miedo de que la vida cristiana les cueste demasiado. Dan una parte de sí mismos a Cristo, pero retienen el resto. Donde yo crecí, a eso lo llamaban «andar a medias». Eso es cuando tratas de caminar con Cristo y caminar con el mundo al mismo tiempo. La Biblia lo llama doble ánimo y viene con una advertencia.

> *Y si alguno de vosotros tiene falta de sabiduría, pídala a Dios, el cual da a todos abundantemente y sin reproche, y le será dada. Pero pida con fe, no dudando nada; porque el que duda es semejante a la onda del mar, que es arrastrada por el viento y echada de una parte a otra. No piense, pues, quien tal haga, que recibirá cosa alguna del Señor. El hombre de doble ánimo es inconstante en todos sus caminos.* SANTIAGO 1:5-8

Dios es fiel en proveernos sabiduría, pero tenemos que comprometernos por completo. Una relación con Cristo exige compromiso.

¿Has estado «dando pasos a medias» en tu relación con Cristo? ¿Qué es lo que te impide estar totalmente comprometido?

GÁLATAS 2:20

Con Cristo estoy juntamente crucificado, y ya no vivo yo, mas vive Cristo en mí; y lo que ahora vivo en la carne, lo vivo en la fe del Hijo de Dios, el cual me amó y se entregó a sí mismo por mí.

Día 82
LA VIDA CRUCIFICADA

Si le hubieras preguntado a Pablo cuáles eran sus objetivos en la vida, probablemente habría respondido: «No tengo ninguno. Los muertos no se ponen metas». Si le preguntaras cuáles eran sus sueños, habría respondido: «Los muertos no sueñan». Pero si le hubieras preguntado cuáles eran las metas y los sueños de Dios para él, sin duda habría podido hablar todo el día, porque aunque Pablo estaba muerto para sí mismo, estaba vivo para Dios.

Si sus enemigos amenazaban con matarle, Pablo podía decir: «Morir es ganancia» (Fil. 1:21b). Si le decían: «No, te dejaremos vivir», podía responder: «Está bien. "Vivir es Cristo"» (Fil. 1:21a). Si le decían: «Vamos a golpearte», podía responder: «Pues tengo por cierto que las aflicciones del tiempo presente no son comparables con la gloria venidera que en nosotros ha de manifestarse» (Rom. 8:18).

Puesto que toda su vida pertenecía a Cristo, la actitud de Pablo era que realmente no importaba lo que le ocurriera. Ese tipo de vida crucificada es una vida comprometida.

¿En qué aspectos necesitas «morir al yo» para poder «vivir para Cristo»?

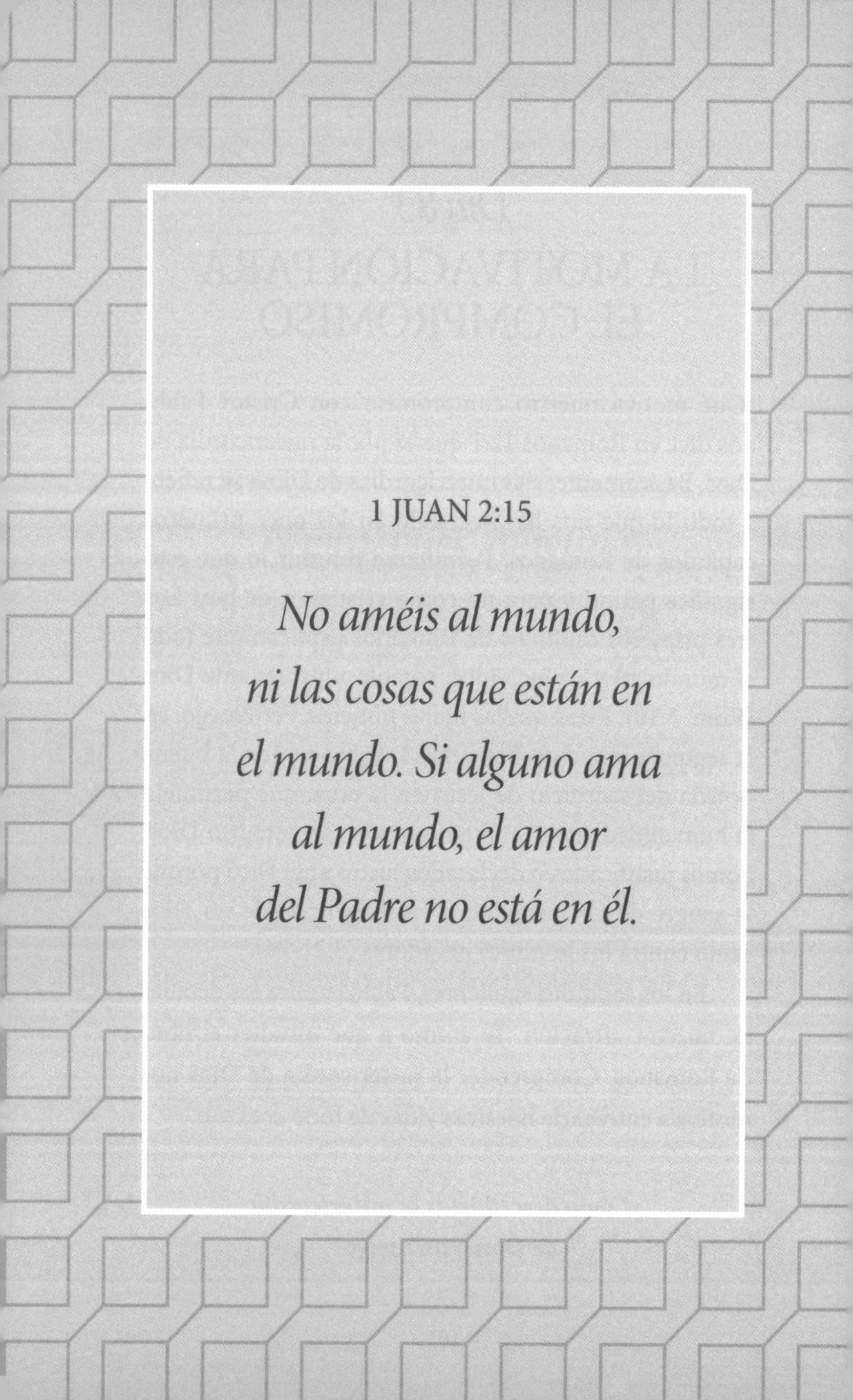
1 JUAN 2:15

No améis al mundo, ni las cosas que están en el mundo. Si alguno ama al mundo, el amor del Padre no está en él.

Día 84
RECHAZAR LA MUNDANALIDAD

Pablo enseña que, para vivir una vida de compromiso total con Dios, debemos rechazar la mundanalidad. Dice: «No os conforméis a este siglo, sino transformaos por medio de la renovación de vuestro entendimiento, para que comprobéis cuál sea la buena voluntad de Dios, agradable y perfecta» (Rom. 12:2). La esencia de la mundanalidad es la independencia de Dios. De forma constante e implacable, este orden mundial intenta que tú y yo dejemos a Dios fuera de nuestras vidas. Ser mundano no solo significa cometer pecados graves. Tampoco significa acudir a los llamados lugares mundanos. El corazón de la mundanalidad es sencillamente dejar a Dios fuera, excluir Su gobierno de nuestra vida cotidiana.

Para caer en la trampa de la mundanalidad, solo tienes que dejar que el mundo te amolde a su forma, como un alfarero amolda un trozo de arcilla a un cuenco. Rechazar esa presión es imposible a menos que te comprometas sin reservas con Jesucristo. Una vida cristiana blanda y «a medias» no hará el trabajo.

¿En qué áreas eres propenso a la mundanalidad? ¿Qué puedes hacer para evitar que te atrape?

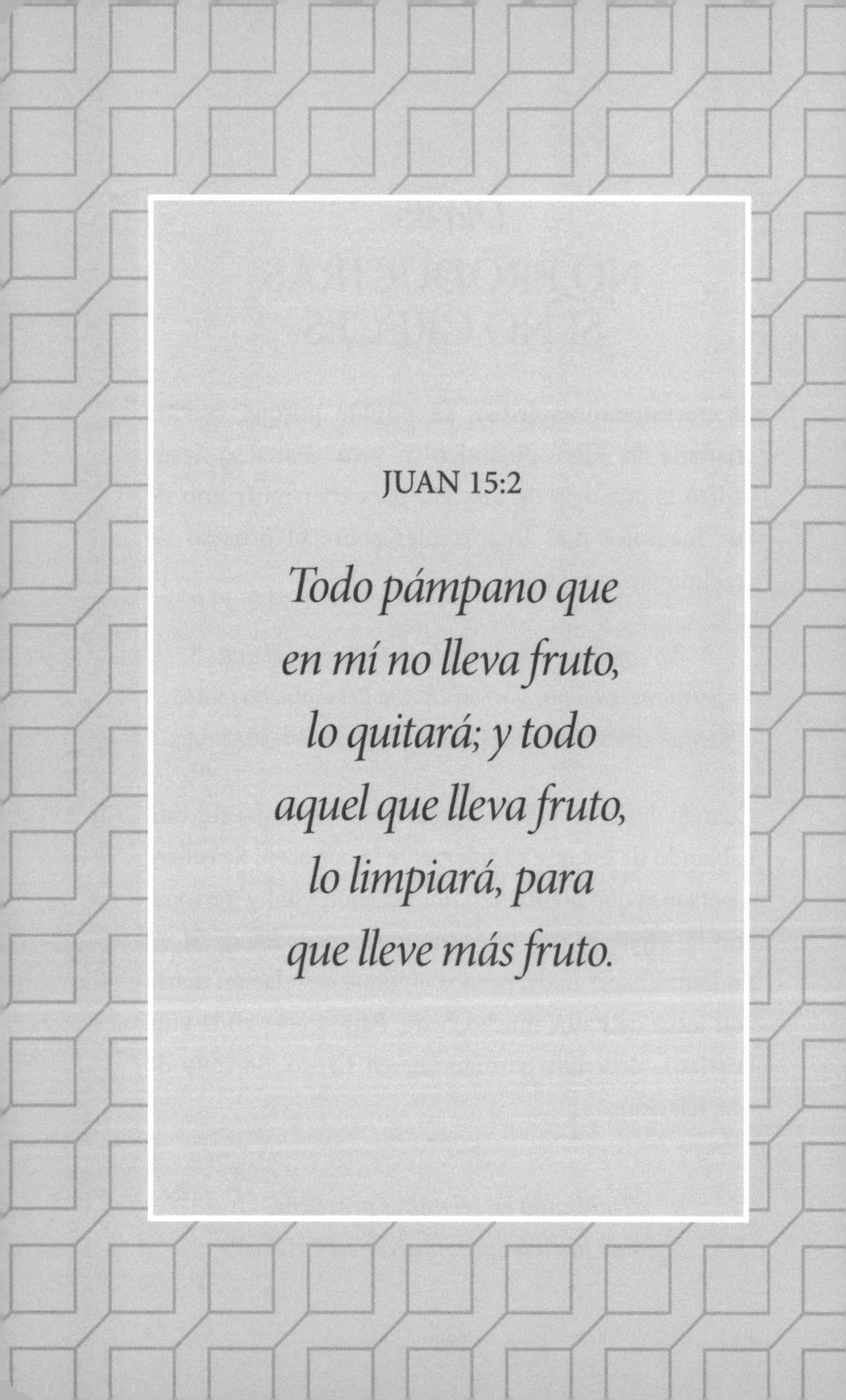
JUAN 15:2
Todo pámpano que
en mí no lleva fruto,
lo quitará; y todo
aquel que lleva fruto,
lo limpiará, para
que lleve más fruto.

Día 86
EL PROCESO DE PODA

Pasar de no producir fruto a producir algo de fruto es un paso importante. Pero es solo el principio. Una vez que te comprometes con Cristo y empiezas a reflejar un carácter cristiano, Dios poda tus ramas para ayudarte a producir más fruto.

La poda es el proceso de recortar los brotes no deseados que pueden robar a las ramas el alimento que de otro modo recibirían de la vid. En el cultivo de la vid, se denominan «brotes chupones», pequeñas ramas que crecen donde se cruzan la cepa y el sarmiento. A medida que crecen, empiezan a hacer exactamente lo que sugiere su nombre: chupan la savia vital en su camino de la vid al pámpano.

Incluso los cristianos comprometidos necesitan poda, pero cuando Dios empieza a recortar las cosas que no deberían estar en nuestras vidas, es doloroso. Dios lo sabe, pero, como buen padre, sopesa el beneficio a largo plazo frente a la incomodidad a corto plazo y hace lo que es necesario hacer.

¿Puedes pensar en un área que Dios haya podado en tu vida? ¿Cuál fue el resultado?

JUAN 15:4

Permaneced en mí,
y yo en vosotros.
Como el pámpano
no puede llevar
fruto por sí mismo,
si no permanece en
la vid, así tampoco
vosotros, si no
permanecéis en mí.

Día 88

EL SECRETO DEL ÉXITO ESPIRITUAL

El verdadero secreto para crecer y fructificar en tu vida espiritual es permanecer en Cristo (Juan 15:4). La palabra permanecer significa «quedarse o residir». Es lo que ocurre cuando pones una bolsita de té en una taza de agua caliente. Cuando la bolsita de té «permanece» en el agua, influye en ella, de modo que el agua empieza a reflejar el color y el sabor del té. Por supuesto, cuanto más tiempo permanezca la bolsita en el agua, más fuerte será el té.

Esto es lo que ocurre cuando permaneces en Cristo y Él permanece en ti. La influencia de Cristo impregna de tal modo tu vida que empiezas a reflejar la naturaleza de tu Señor. La belleza de permanecer es que todo lo que tenemos que hacer es mantener nuestro contacto con Cristo para obtener el resultado deseado. El problema de muchos de nosotros, los hombres, es que no somos buenos «moradores». Pensamos que podemos sobrevivir separados de la vid. Pero Jesús dice que no podemos hacer nada de valor para el reino separados de Él (Juan 15:5).

¿Cuáles son los obstáculos más comunes que te impiden permanecer en Cristo?

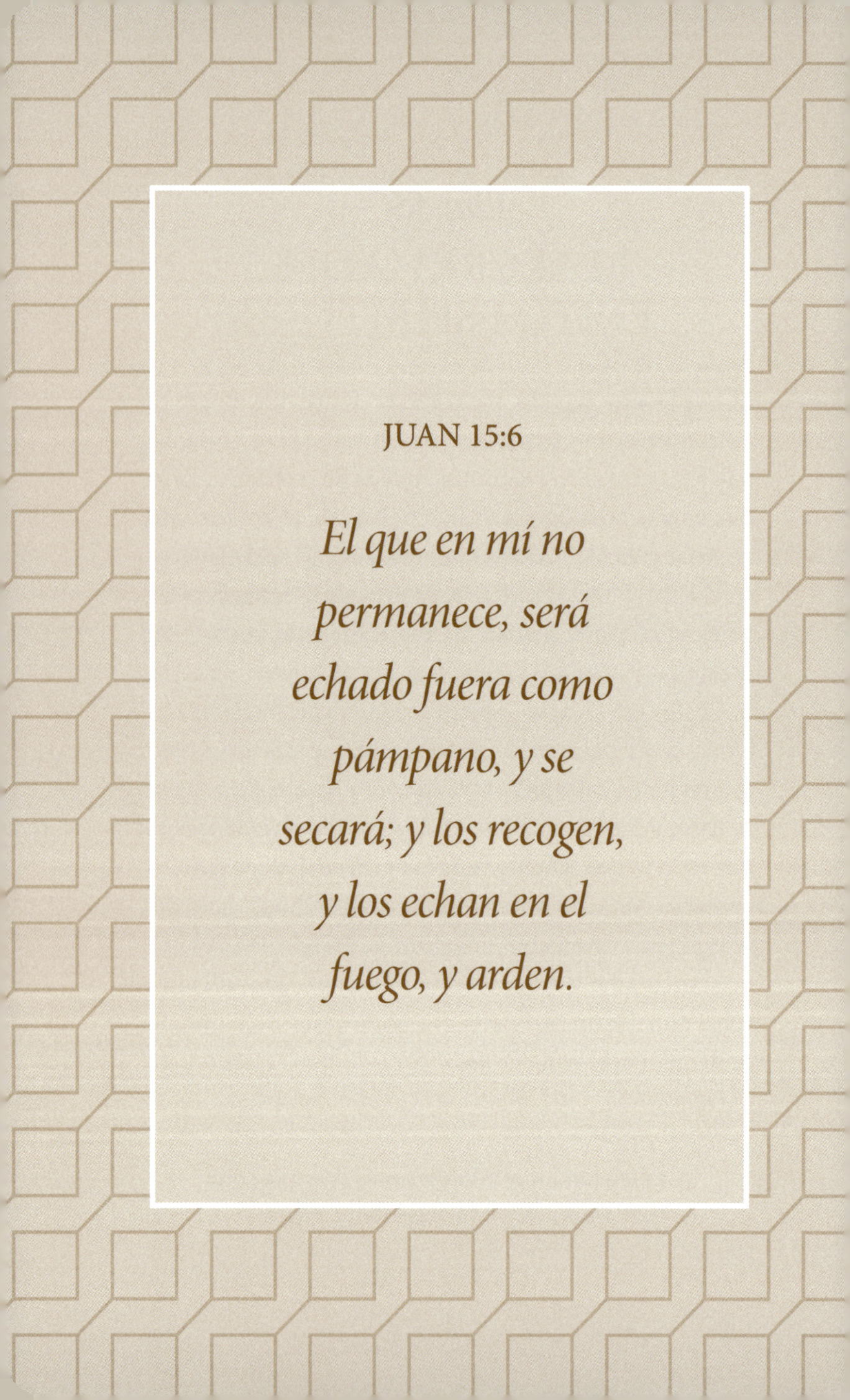

JUAN 15:6

El que en mí no permanece, será echado fuera como pámpano, y se secará; y los recogen, y los echan en el fuego, y arden.

Día 89

UNA PALABRA PARA LOS TERCOS

Esto de permanecer es algo muy serio. Jesús nos dice que si no permanecemos, seremos recogidos como un montón de ramas secas y seremos quedamos (Juan 15:6). Puesto que Jesús se dirige a los verdaderos creyentes, debemos tener claro que el fuego aquí no es el infierno. Es el fuego de la disciplina de Dios. En otras palabras, si intentamos sobrevivir sin permanecer en Cristo, podemos esperar pruebas ardientes. Si Dios no puede llamar nuestra atención de otra manera, lo hará encendiendo un fuego.

Sean cuales sean las circunstancias de tu ardiente prueba, el propósito de Dios no es el castigo. Su objetivo es que vuelvas a conectar con la vid para que puedas dar fruto. Para ser claros, a veces pasamos por pruebas de fuego simplemente por vivir en un mundo caído. El hecho de que estés pasando por una prueba no significa necesariamente que Dios te esté disciplinando, pero puede que lo esté haciendo. En cualquier caso, la única forma de posicionarte para dar fruto es permanecer en Jesús: solo cuando permaneces estás en condiciones de prosperar.

¿De qué manera la disciplina de Dios es realmente un acto de gracia?

JUAN 15:10

Si guardareis mis mandamientos, permaneceréis en mi amor; así como yo he guardado los mandamientos de mi Padre, y permanezco en su amor.

Día 90
UNA OFERTA ABIERTA

Permanecer en Cristo tiene beneficios increíbles. Jesús dijo: «Si permanecéis en mí, y mis palabras permanecen en vosotros, pedid todo lo que queréis, y os será hecho» (Juan 15:7). Este pasaje es citado a menudo por maestros sin escrúpulos y sin base bíblica que no proporcionan todo el contexto. Jesús no dijo simplemente: «Pedid todo lo que queráis». Dijo que permanecieras y luego pidieras. Nuestro mundo está lleno de gente que pide pero no permanece. Jesús puede hacer tal promesa a los que permanecen porque sabe que solo pedirán lo que le agrada, lo que les ayuda a dar «mucho fruto» y, por tanto, a glorificar al Padre.

Jesús dijo que solo los que permanecen en Él pueden esperar recibir lo que piden, y la obediencia es la clave para permanecer. Pero si estás conectado vitalmente a Jesús y comprometido a obedecer Sus mandamientos, a pesar de tus defectos y fracasos, entonces no dudes en pedirle lo que hay en tu corazón. ¿Por qué? Porque si estás permaneciendo, lo que quieres de Él es idéntico a lo que Él quiere para ti.

¿Qué pasos puedes dar para que permanecer en Cristo sea tu máxima prioridad?

ESTUDIO BÍBLICO
CON VIDEOS

BASTA DE EXCUSAS

SÉ EL HOMBRE QUE DIOS TE LLAMÓ A SER

Tony Evans

SÉ EL HOMBRE QUE DIOS QUIERE QUE SEAS

En ocasiones, las circunstancias de la vida dificultan que los hombres respondan correctamente al llamado de Dios.

Sin embargo, Tony Evans insta a los hombres a dejar de ver sus circunstancias como excusas y, en cambio, considerarlas como desafíos y oportunidades para el éxito. Al explorar ejemplos de hombres de Dios a lo largo de la Biblia, este estudio les presentará el desafío de abandonar excusas, superar la tibieza y esforzarse por ser hombres de carácter y compromiso. A pesar de los tropiezos, los fracasos y las presiones, aún pueden descubrir propósito, significado y dirección en la vida, convirtiéndose en el hombre que Dios les llamó a ser.

¿CÓMO CONTINUAR?

Esperamos que hayas disfrutado de *Basta de excusas*. Ahora que has completado este devocional, aquí hay algunas direcciones en las que puedes ir a continuación.

RESTAURADOS

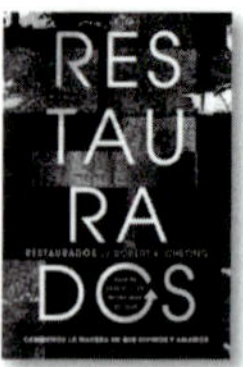

Estudio bíblico con videos: Cambiemos la manera en que vivimos y amamos.
En este estudio de trece semanas, el pastor y autor Robert K. Cheong nos enseña que, al estar unidos a Cristo, podemos acercarnos a Dios, disfrutar de Su amor y vivir con nuevos patrones y ritmos de vida. El estudio guía a los participantes a crear sus propias «historias» que los conectarán con la gran historia de Dios y les ayudará a reflexionar y avanzar. A medida que los participantes interactúan, realizan actividades prácticas y aprenden a meditar en la Palabra de Dios, se reconectarán con Él y crecerá su amor por Él y por los demás.

SALMOS

Estudio bíblico con videos: Esperanza real para la vida cotidiana.
En este estudio, Ray Ortlund te ayudará a ver que los Salmos son un lugar que Dios ha provisto para encontrarse con Él y encontrar ayuda, descanso, honestidad, esperanza, valor, alegría y la confianza que necesitas para enfrentar esta vida loca. *Salmos* incluye contenido impreso para seis sesiones, estudio personal entre sesiones grupales, escritura aplicable, «Cómo usar este estudio» y consejos para liderar un grupo. Además, cada libro contiene un código único que te permite acceder a videos de enseñanza gratuitos para cada sesión.

PROVERBIOS

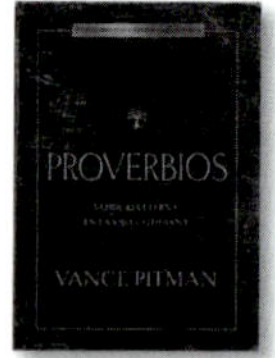

Estudio bíblico con videos: Sabiduría eterna en la vida cotidiana.
Este estudio no sólo nos dará una apreciación de este popular y aplicable libro de la Biblia, sino que también nos ayudará a comenzar a desarrollar el hábito diario de buscar la sabiduría de la Palabra de Dios. Además de los videos de las cuatro sesiones, tendrás acceso a un video corto de enseñanza diaria para cada proverbio, todo incluido en el precio de compra de este libro de estudio bíblico.

Disponibles para comprar de forma independiente o el set completo

PIEDRAS VIVAS

Pentateuco - La serie completa
Éxodo y Números - Génesis: 1-11 - Génesis: 12-33
Génesis: 34-50 - Levítico y Deuteronomio
La serie de Estudios bíblicos MacArthur está diseñada para ayudarte a profundizar en la Palabra de Dios con la guía del respetado pastor y autor John MacArthur. Cada guía ofrece un análisis profundo de toda la Escritura, examinando sus partes e incorporando:

- Comentario extenso pero claro sobre el texto.
- Observaciones detalladas sobre los temas principales, cronologías, historia y contexto.
- Estudios de palabras y frases que te ayudarán a descubrir un significado más amplio y aplicarlo a tu vida.
- Preguntas interactivas y profundas con espacio suficiente para escribir tus respuestas y reflexiones.

Evangelios y Hechos - La serie completa
Hechos - Juan - Lucas - Marcos- Mateo
En *Piedras Vivas - Los Evangelios y Hechos: La serie completa*, el Dr. John MacArthur ofrece un estudio exhaustivo de los relatos fundamentales del Nuevo Testamento. Desde la venida del Rey en Mateo, pasando por la humanidad de Cristo en Marcos, el Salvador del mundo en Lucas, y el Hijo de Dios en Juan, hasta la expansión del evangelio en Hechos, esta serie guía a los lectores a través de un análisis profundo de la vida y obra de Jesús, así como el crecimiento de la iglesia primitiva. MacArthur proporciona un comentario detallado, estudios de palabras y frases, y preguntas interactivas que facilitan una comprensión más rica y aplicable de la Escritura.